Bert Bielefeld

Terminplanung

Bert Bielefeld

Terminplanung

BIRKHÄUSER
BASEL

Inhalt

Vorwort

Die Koordination des Planungs- und Bauprozesses ist gerade bei größeren Bauprojekten eine verantwortungsvolle und komplexe Aufgabe. Durch die fortschreitende Vernetzung der Bauteile untereinander und die Spezialisierung der Fachdisziplinen ist eine Vielzahl von Beteiligten und deren Arbeiten zu koordinieren. Die Terminplanung stellt dabei das wichtigste Mittel des Objektplaners dar, um den Gesamtprozess steuern zu können. Sie ist Grundlage der Zusammenarbeit, z. B. für Vertragstermine der beteiligten Bauunternehmen, und gleichzeitig aktives Arbeitsinstrument während des Planungs- und Bauprozesses, mit dem auf Unwägbarkeiten und Störungen reagiert werden muss.

Bei ersten Projekten von Absolventen und Berufseinsteigern ist die Unsicherheit aufgrund der fehlenden Erfahrung in der Regel groß, wie die Beteiligten des Planungs- und Bauprozesses zu steuern sind. Typische Fragestellungen sind, welche Arbeiten überhaupt zu koordinieren sind, welche Schritte auf andere folgen und wie lange diese dauern. *Basics Terminplanung* holt Studenten und Berufsanfänger in diesem frühen Wissensstadium ab und erarbeitet schrittweise und praxisnah, wie ein Terminplan aufgestellt wird, wie hierüber der Planungs- und Bauprozess abgebildet werden und er als Arbeitsinstrument in der Praxis dienen kann.

Bert Bielefeld, Herausgeber

Einleitung

Der Weg von der ersten Idee bis zum bezugsfertigen Gebäude ist lang und äußerst vielschichtig. Zahlreiche Beteiligte auf Seiten der Bauausführung, der Planung und gegebenenfalls des Bauherrn bedingen eine intensive Koordination der einzelnen Beiträge an diesem Prozess. Der Architekt bzw. Objektplaner übernimmt dabei die fachliche Vertretung des Bauherrn und muss zielgerichtet für einen möglichst reibungslosen Ablauf des gesamten Prozesses sorgen. Er koordiniert im Sinne des Bauherrn alle an der Planung Beteiligten und überwacht die bauausführenden Firmen auf der Baustelle.

Da bei größeren Projekten sowohl auf der Planungs- wie auch auf der Ausführungsseite vielfach mehr als 20 bis 30 Beteiligte agieren, entstehen komplexe Verknüpfungen und Abhängigkeiten der Arbeiten untereinander. Oft ist es für einzelne Beteiligte aufgrund ihres fachspezifischen Ausschnitts nicht möglich, die Vernetzung der eigenen Arbeitsschritte in der Gesamtheit der Projektabläufe beurteilen und einordnen zu können. Somit trifft den Architekten hier eine besondere Koordinationspflicht, da in seiner Planung die Ergebnisse der Fachdisziplinen zusammenlaufen und er als einziger am Prozess Beteiligter den Gesamtüberblick über das Projekt hat.

Die Terminplanung ist ein allgegenwärtiges Instrument dieses Prozesses. Ihre Grundlagen und die praktische Anwendung werden in diesem Buch erläutert. Dabei werden alle Darstellungsarten und Detaillierungsstufen angesprochen und mit praktischen Hinweisen zu typischen Abläufen hinterlegt, damit Studenten schnell und praxisnah einen Einstieg finden. Die Koordination ist jedoch nicht mit der Aufstellung eines Terminplans abgeschlossen, sie ist ein Arbeitsprozess, der stetig fortgeschrieben und präzisiert werden muss. Bis zur Festlegung einzelner Produktionsschritte auf der Baustelle sind zahlreiche Vorüberlegungen und Detaillierungen erfolgt. Welche Beteiligten und welche Arbeitsschritte bei der Terminplanung betrachtet werden sollten, wird in den folgenden Kapiteln dargestellt.

Aufstellung eines Terminplans

ELEMENTE EINES TERMINPLANS

Zu Beginn ist es notwendig, einige Begriffe und die einzelnen Elemente der Terminplanung zu erläutern.

Man unterscheidet zwischen den Begriffen Termin und Frist. Unter einer <u>Frist</u> wird eine Zeitspanne (z. B. Fertigstellung der Arbeiten innerhalb von 14 Tagen) verstanden, während ein <u>Termin</u> einen bestimmten Zeitpunkt wie etwa den Fertigstellungstag eines Teilabschnitts bezeichnet. Frist und Termin

Die Grundlage jedes Terminplans sind die Vorgänge. Ein <u>Vorgang</u> benennt einen in sich geschlossenen Arbeitsschritt (z. B. Bodenfliesen Erdgeschoss). Werden mehrere einzelne Vorgänge unter einem Dach gebündelt (z. B. Fliesen- und Plattenarbeiten), so wird dies <u>Sammelvorgang</u> genannt. > Kap. Aufstellung eines Terminplans, Aufbau eines projektorientierten Terminplans Vorgang

Die zur Erarbeitung des Vorgangs benötigte Zeit wird Vorgangsdauer genannt. Sie ergibt sich in der Regel aus der Fertigungsmenge und dem Aufwand. > Kap. Aufstellung eines Terminplans, Dauerplanung der Vorgänge Dauer- und Ablaufplanung

Bei der Berechnung der <u>Vorgangsdauer</u> wird von <u>Dauerplanung</u> gesprochen. Demgegenüber wird die Bestimmung der Abhängigkeiten zwischen den Vorgängen als <u>Ablaufplanung</u> bezeichnet. Dauer- und Ablaufplanung ergeben zusammen eine komplette <u>Terminplanung</u>. > Abb. 1

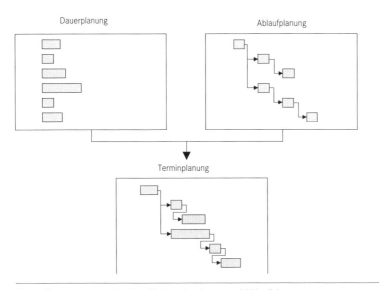

Abb. 1: Zusammenhang der Begriffe Termin-, Dauer- und Ablaufplanung

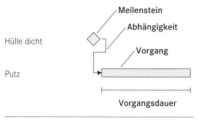

Abb. 2: Typische Begriffe der Terminplanung

Bauverfahren und
Kapazitäten

Als Bauverfahren wird die technische Art der Durchführung eines Vorgangs bezeichnet.

● Die für einen Vorgang notwendigen Ressourcen an Maschinen und Arbeitskräften werden Kapazitäten genannt. Ein Bauunternehmen plant seine Kapazitäten während der Vorbereitung einer Baumaßnahme, um die auftretenden Kosten und Bauverfahren als Grundlage des Angebots möglichst gut berechnen zu können. Die Berechnung von Kapazitäten ist für den terminplanenden Architekten nur bedingt von Bedeutung, allerdings ist auf dieser Basis die Aufnahme realistischer Vorgangsdauern für einen reibungslosen Ablauf notwendig. > Kap. Aufstellung eines Terminplans, Darstellungstiefe

Meilenstein

Ein Meilenstein ist ein Vorgang, der keine Vorgangsdauer besitzt. Es ist ein besonderes Ereignis, das gesondert in den Terminplan aufgenommen wird. Typische Meilensteine in einem Terminplan sind Baubeginn, Fertigstellung Rohbau, Hülle dicht, Schlussabnahme und Inbetriebnahme. > Abb. 2

Abhängigkeiten
zwischen
verschiedenen
Vorgängen

Ein Vorgang steht in einem Terminplan meist nicht isoliert für sich, sondern ist eingebunden in ein Geflecht von gegenseitigen Abhängigkeiten zwischen unterschiedlichen Vorgängen. Dies kann verschiedene Ursachen haben. Der Regelfall ist die Folgeabhängigkeit. Ein Vorgang B

● **Beispiel:** Es gibt oft mehrere Möglichkeiten, im Bauprozess zu einem gewünschten Ergebnis zu gelangen. So lassen sich beispielsweise eine Stahlbetondecke aus Fertigteilen oder im Ortbeton-Verfahren herstellen und Wandfliesen im Dünnbett auf einen Putz oder im Dickbett direkt auf die Rohbauwand aufbringen.

kann erst beginnen, wenn der Vorgang A abgeschlossen ist (z. B. Wände EG → Decke EG → Wände OG).

○

Es gibt jedoch auch Vorgänge, die nur gemeinsam in einem parallelen Prozess ablaufen können (z. B. sukzessive Gerüstaufstellung während der Rohbauphase bei mehrgeschossigen Gebäuden). Meist lassen sich diese Prozessabhängigkeiten durch einen höheren Detaillierungsgrad in einzelne Folgeabhängigkeiten aufschlüsseln.

Im Gegenzug zu parallelen Vorgängen tritt gerade im Bereich der Ausbaugewerke häufig der Fall auf, dass Firmen nicht parallel in einem Bauabschnitt arbeiten können (z. B. Estrich und Putz). Man spricht dann von einer <u>Behinderung</u> durch andere Arbeiten. Daher sind gegenseitige Abhängigkeiten zwischen einzelnen Gewerken zu prüfen und gegebenenfalls durch eine sinnvolle Einteilung des Projektes in Bauabschnitte zu vermeiden. > Kap. Aufstellung eines Terminplans, Ablaufplanung der Vorgänge und Kap. Abläufe im Planungs- und Bauprozess

In der technischen Darstellung von Abhängigkeiten zwischen zwei Vorgängen wird der Begriff Beziehungsart benutzt. In der Terminplanung werden vier Beziehungsarten unterschieden: > Abb. 3

Beziehungsarten

■

— <u>Ende-Anfang-Beziehung</u>: Nach Abschluss von Vorgang A kann Vorgang B beginnen. Diese Beziehungsart kommt am häufigsten vor und gilt beispielsweise für die Vorgänge Innenwände (A) und Innenputz (B).
— <u>Ende-Ende-Beziehung</u>: Vorgang A und Vorgang B sollen zum selben Termin beendet werden. Diese Beziehungsart kommt in Betracht, wenn die Vorgänge A und B erst zusammen die Grundlage für einen weiteren Vorgang bilden. Das ist beispielsweise für die Vorgänge Einbau der Fenster (A) und Dachabdichtung (B) denkbar, die zusammen eine dichte Gebäudehülle für Arbeiten im Innenbereich schaffen.
— <u>Anfang-Ende-Beziehung</u>: Vorgang B soll enden, wenn Vorgang A beginnt. Mit Hilfe dieser Beziehung kann ein Vorgang zum spätesten möglichen Zeitpunkt positioniert werden, bevor er eine Behinderung bei einem anderen Vorgang auslöst.

○ **Hinweis:** Werden Folgeabhängigkeiten in einem Terminplan nicht im Detail untersucht, entstehen oftmals Störungen und Verschiebungen im Bauprozess. Soll beispielsweise eine behindertengerechte Stahlrahmentür nach den Putzarbeiten eingebaut werden, sind vor dem Verputzen entsprechende elektrische Anschlüsse zu legen. Derartige Abhängigkeiten können zu einem erneuten Bearbeiten bereits fertiggestellter Flächen führen.

■ **Tipp:** Die beschriebenen Beziehungsarten werden von den gängigen Terminplanungsprogrammen unterstützt. Jedem Vorgang wird in der Regel automatisch eine eindeutige Vorgangsnummer zugewiesen, über die Abhängigkeiten angelegt werden können. Soll ein Vorgang beispielsweise nach Vorgang Nr. 5 beginnen, so wird der Vorgänger mit „5ea" gekennzeichnet. Dabei steht „ea" für eine Ende-Anfang-Beziehung.

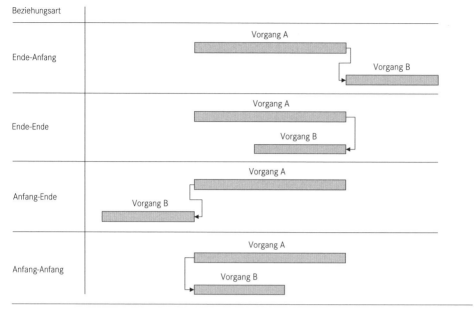

Beziehungsart	
Ende-Anfang	Vorgang A / Vorgang B
Ende-Ende	Vorgang A / Vorgang B
Anfang-Ende	Vorgang A / Vorgang B
Anfang-Anfang	Vorgang A / Vorgang B

Abb. 3: Schematische Darstellung der verschiedenen Beziehungsarten

— Anfang-Anfang-Beziehung: Vorgang A und Vorgang B sollen zeitgleich beginnen, was sinnvoll ist, wenn parallel gearbeitet werden kann. Dies kann beispielsweise eintreten, wenn ein Kran zur Lieferung sperriger Bauteile einer ausführenden Firma auch von einem anderen Gewerk genutzt werden soll.

DARSTELLUNGSARTEN

Beim Erarbeiten eines Terminplans gibt es verschiedene Möglichkeiten der grafischen Darstellung. Um je nach Ziel und Zweck des Terminplans die Inhalte möglichst übersichtlich und nutzbar vermitteln zu können, werden folgende Darstellungsarten unterschieden: > Abb. 4

— Balkenplan
— Liniendiagramm
— Netzplan
— Terminliste

Balkenplan

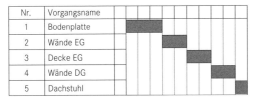

Nr.	Vorgangsname
1	Bodenplatte
2	Wände EG
3	Decke EG
4	Wände DG
5	Dachstuhl

Liniendiagramm

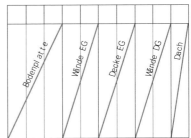

Netzplan

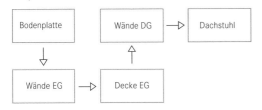

Terminliste

Vorgang	Anfang	Ende
Bodenplatte	01.06.	22.06.
Wände EG	23.06.	07.07.
Decke EG	08.07.	22.07.
Wände DG	23.07.	06.08.
Dachstuhl	07.08.	14.08.

Abb. 4: Verschiedene Darstellungsarten der Terminplanung

Im Hochbau werden Terminpläne in der Regel als <u>Balkenplan</u>, auch <u>Gantt-Diagramm</u> genannt, dargestellt. Im Balkenplan wird in der horizontalen Achse die Zeitachse angetragen, und in der vertikalen Achse werden die einzelnen Vorgänge dargestellt. Die Vorgangsdauer wird dann für jeden Vorgang mit Hilfe eines Balkens in ihrem Zeithorizont horizontal eingetragen. › Abb. 5

Die Zeitachse kann je nach Größe und Detaillierungsgrad des Projektes in Monate, Wochen und Tage eingeteilt werden. Üblicherweise werden zusätzlich zur grafischen Darstellung der Vorgänge im linken Teil des Planes auch die zum jeweiligen Vorgang gehörigen Informationen wie Vorgangsbezeichnung, Anfangstermin, Endtermin, Dauer und gegebenenfalls Angaben zu Abhängigkeiten mit anderen Vorgängen angezeigt, sodass diese Informationen einfach abzulesen sind. Diese Abhängigkeiten werden grafisch oft als Pfeile zwischen den einzelnen Balken dargestellt.

Das <u>Liniendiagramm</u> unterscheidet sich in seiner Grundstruktur vom Balkenplan, da neben der Zeitschiene auf der anderen Achse die Ausführungsmenge dargestellt wird. Die Vorgänge selbst werden in diesem Koordinatensystem durch Linien abgebildet. Im Bauwesen werden in der Regel folgende Arten von Liniendiagrammen eingesetzt:

Balkenplan

Liniendiagramm

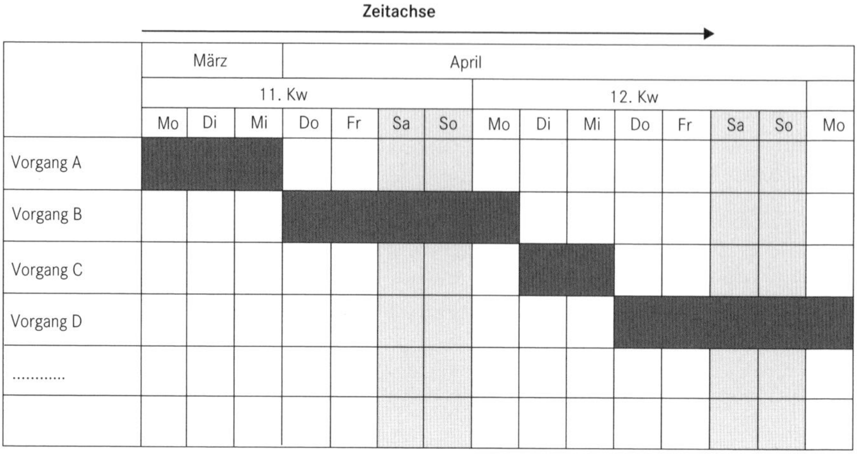

Zeitachse →

	März			April											
	11. Kw							12. Kw							
	Mo	Di	Mi	Do	Fr	Sa	So	Mo	Di	Mi	Do	Fr	Sa	So	Mo
Vorgang A	■	■	■												
Vorgang B				■	■	■	■	■							
Vorgang C									■	■					
Vorgang D											■	■	■	■	■
………															

Abb. 5: Prinzip des Balkenplans

— das <u>Weg-Zeit-Diagramm</u>, das die Menge als geometrische Strecke (z. B. ein Autobahn-Bauabschnitt) darstellt;
— das <u>Volumen-Zeit-Diagramm</u>, das die Menge auf 100 % normiert darstellt, sodass unabhängig von der tatsächlichen Menge nur die anteilige Erledigung des gesamten Vorgangs abgelesen werden kann.

In der Regel wird ein Liniendiagramm weniger im Hochbau, sondern bei streckenförmigen, linearen Baustellen wie Straßen, Tunnel oder Kanalisationen eingesetzt, die eher in einzelnen Abschnitten funktionieren und deren einzelne Arbeitsschritte in einer regelmäßigen Taktung hintereinander ablaufen. Im Hochbau sind gerade im Ausbau sehr viele Vorgänge parallel zu bewältigen, die in einem Liniendiagramm nicht mehr übersichtlich darstellbar wären. Ein Vorteil des Liniendiagramms ist allerdings die übersichtlichere Handhabung von Soll-Ist-Vergleichen. > Abb. 6

Netzplan Ein <u>Netzplan</u> stellt die Vorgänge der Terminplanung als Netz und nicht entlang einer Zeitachse dar. Durch die Netzdarstellung sind gegenseitige Verknüpfungen der Vorgänge sehr gut abzubilden, die zeitliche Übersicht über den gesamten Prozess ist jedoch nur bedingt möglich.

Es gibt drei Arten von Netzplänen, wobei vorwiegend der Vorgangsknoten-Netzplan Verwendung findet:

— <u>Vorgangsknoten-Netzplan</u>: Die Vorgänge werden durch Knoten und die Abhängigkeiten durch Pfeile dargestellt.

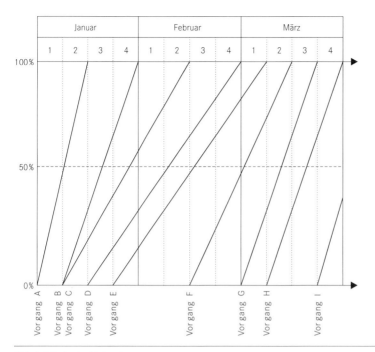

Abb. 6: Prinzip des Linienplans

— Vorgangspfeil-Netzplan: Die Vorgänge werden durch Pfeile und die Abhängigkeiten über die Verbindung der Knoten dargestellt.
— Ereignisknoten-Netzplan: Die Pfeile symbolisieren die Abhängig-keiten, und die Knoten stellen Ergebnisse (ohne Dauer) dar. > Abb. 7

Der Netzplan wird als Terminplan bei Hochbauten selten eingesetzt. Er wird jedoch in einer guten Terminplanungssoftware als alternative Darstellung eines Balkenplans angeboten und erfüllt so eine sinnvolle Aufgabe bei der Erstellung eines Terminplans. Da gerade bei komplexen Terminplänen die Abhängigkeiten der Vorgänge untereinander im Netzplan grafisch viel besser dargestellt werden können als in einem Balkenplan, hilft der Wechsel zwischen den Darstellungsarten, sich im Terminplan zurechtzufinden. In der Balkenplanansicht werden die Vorgänge aufgestellt und mit Dauern hinterlegt, in der Netzplanansicht die gegenseitigen Abhängigkeiten überprüft.

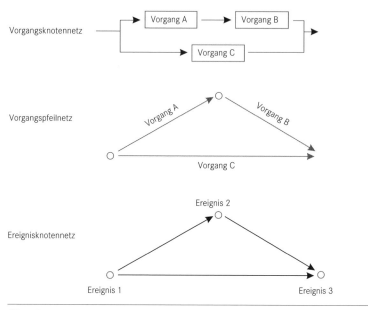

Abb. 7: Darstellung der verschiedenen Netzplanarten

Die Terminliste ist eine sehr einfache Form der Darstellung. Sie stellt im Bauablauf wichtige Termine und Fristen tabellarisch dar und ist daher nur bedingt übersichtlich. Je mehr Termine eine Terminliste enthält, desto schwieriger ist sie zu lesen und desto mehr wird für den Betrachter das Verständnis für die Zusammenhänge einzelner Termine erschwert.

Terminlisten werden oft als Auszug für einzelne Beteiligte des Planungs- und Bauprozesses aus einem Gesamtterminplan entnommen, um diesen wichtige Termine und Fristen mitzuteilen. Dies können Bearbeitungszeiträume für Fachplaner oder Sachverständige sowie vertragliche Grundlagen für einzelne Gewerke sein. Oft wird eine Terminliste mit Ausführungsterminen einer Ausschreibung beigelegt, und sie werden anschließend als Vertragstermine mit in den Bauvertrag integriert.

Manche Terminplanungsprogramme können auf der Grundlage von Terminplänen Terminlisten in separaten Dateien ausgeben.

DARSTELLUNGSTIEFE

Ein Terminplan sollte immer den auf den Zweck ausgerichteten Anforderungen an Übersichtlichkeit, Zweckmäßigkeit und Detaillierungsgrad genügen. Diese Ansprüche können je nach Blickwinkel stark variie-

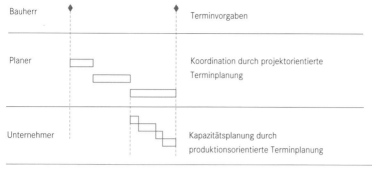

Abb. 8: Schematische Darstellung von Terminvorgaben, projektorientierter und produktionsorientierter Terminplanung

ren. Grundsätzlich lassen sich bei Bauprozessen aufgrund verschiedener Sichtweisen drei Detaillierungsstufen herausarbeiten:

— die Sichtweise des Bauherrn: Aufstellen von Terminvorgaben mit Hilfe einer Rahmenterminplanung
— die Sichtweise des Planers: Koordination der Beteiligten mit Hilfe einer projektorientierten Terminplanung
— die Sichtweise des Bauunternehmers: Arbeitsvorbereitung und Ressourcenplanung mit Hilfe einer produktionsorientierten Terminplanung > Abb. 8

Terminpläne werden im Sprachgebrauch darüber hinaus nach den Gesichtspunkten Fristen (kurzfristig, mittelfristig, langfristig), Aufsteller (auftraggeberseitig und auftragnehmerseitig) und Detaillierungsgrad (grob, mittelfein, fein) kategorisiert.

Der Bauherr hat in der Regel eine klare Vorstellung, wann er sein Ge- Rahmenterminplänebäude in Betrieb nehmen möchte oder muss. So kann die Fertigstellung eines Kaufhauses zum Weihnachtsgeschäft des kommenden Jahres erforderlich sein, oder ein Bauherr hat zu einem gewissen Zeitpunkt seinen Mietvertrag gekündigt. Diese durch den Bauherrn eingebrachten Terminvorgaben sind vom Planer zu berücksichtigen. Oft bedingen auch die Finanzierungsträger (Banken) bestimmte terminliche Zwänge.

Um die terminlichen Vorstellungen des Bauherrn zu überprüfen und grobe Einteilungen des gesamten Prozesses vorzunehmen, wird in einer ersten Übersicht ein Rahmenterminplan erstellt. Dieser enthält grobe Vorgänge und Zwischentermine der Planung und der Bauausführung. Typische Vorgänge sind: > Abb. 9

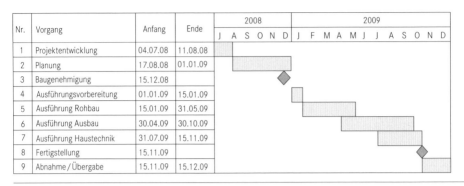

Nr.	Vorgang	Anfang	Ende	2008						2009											
				J	A	S	O	N	D	J	F	M	A	M	J	J	A	S	O	N	D
1	Projektentwicklung	04.07.08	11.08.08																		
2	Planung	17.08.08	01.01.09																		
3	Baugenehmigung	15.12.08																			
4	Ausführungsvorbereitung	01.01.09	15.01.09																		
5	Ausführung Rohbau	15.01.09	31.05.09																		
6	Ausführung Ausbau	30.04.09	30.10.09																		
7	Ausführung Haustechnik	31.07.09	15.11.09																		
8	Fertigstellung	15.11.09																			
9	Abnahme / Übergabe	15.11.09	15.12.09																		

Abb. 9: Beispiel eines Rahmenterminplans

- — Projektvorbereitung
- — Entwurf
- — Baugenehmigung
- — Vorbereiten der Bauausführung
- — Baubeginn
- — Rohbauarbeiten
- — Gebäudehülle
- — Verschiedene Ausbauarbeiten
- — Fertigstellung

Projektorientierte Terminpläne

Der projektorientierte Terminplan wird üblicherweise durch den Architekten erstellt und hat das Ziel, die an der Planung und Ausführung eines Gebäudes Beteiligten zu koordinieren. Um einzelne Vorgänge miteinander verknüpfen zu können und so der Koordinierungsaufgabe gerecht zu werden, besitzt der projektorientierte Terminplan einen höheren Detaillierungsgrad als ein Rahmenterminplan. > Abb. 10 Entscheidend für die Zusammenlegung bzw. das Trennen von Vorgängen sind Abhängigkeiten mit anderen. So ist z. B. im Rohbau der Detaillierungsgrad oft gering, da die Vorgänge hier nicht mit anderen Gewerken verknüpft sind und nur der terminlichen Kontrolle dienen. Demgegenüber ist das Aufstellen einer Trockenbauwand eventuell mit Elektroinstallationen, Sanitärinstallationen, der Türmontage und den Malerarbeiten verknüpft, sodass das Aufstellen der Trockenbauwand in mehreren Arbeitsgängen dargestellt werden muss. > Kap. Abläufe im Planungs- und Bauprozess, Innenausbau Wie schon erwähnt, ist der sinnvolle Detaillierungsgrad des projektorientierten Terminplans grundsätzlich abhängig von der Komplexität und dem Zeitrahmen des Projektes.

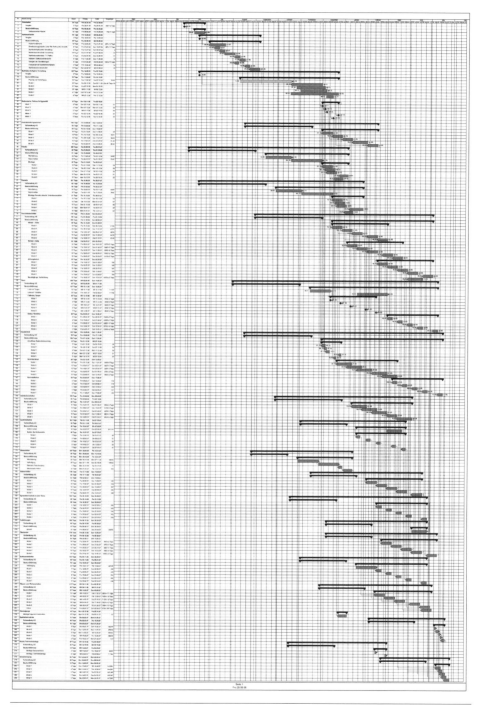

Abb. 10: Beispiel eines projektorientierten Terminplans

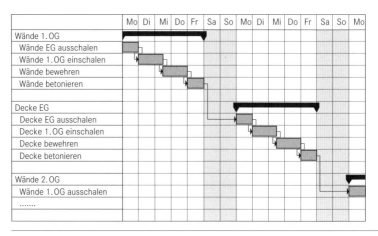

Abb. 11: Beispiel eines Taktplans im Rohbau

Der projektorientierte Terminplan sollte zudem nicht nur die Bauausführung umfassen, sondern auch die Planungsphase integrieren, um
alle Schnittstellen zu erfassen. Idealerweise ist er so aufgebaut, dass verschiedene Nutzer innerhalb des Architekturbüros (Mitarbeiter der Ausführungsplanung, Mitarbeiter der Ausschreibung, Bauleiter) die für sie
relevanten Termine kompakt und mit guter Übersicht darstellen können.

> Kap. Abläufe im Planungs- und Bauprozess, Koordination der Planung

Produktions-
orientierte
Terminplanung

Die produktionsorientierte Terminplanung hat eine andere Zielset-
zung als die projektorientierte. Während die projektorientierte Terminplanung auf die Koordination aller Beteiligten zielt, wird die produktionsorientierte von ausführenden Bauunternehmen zur Planung des Personal-,
Material- und Geräteeinsatzes genutzt.

Der produktionsorientierte Terminplan übernimmt dazu die Terminvorgaben aus dem Rahmenterminplan und dem projektorientierten
Terminplan und setzt die gegebenen Termine in einzelne Schritte der
Bauabwicklung um. Hieraus ergibt sich die notwendige Anzahl von Bau-
arbeitern und die rechtzeitige Bereitstellung von Maschinen und ausreichenden Materialmengen, um Engpässe zu vermeiden.

Das Bauunternehmen schlüsselt zu diesem Zweck den Vorgang aus
dem projektorientierten Terminplan (z. B. Betondecke über EG) in ein-
zelne Arbeitsschritte auf (Einschalen, Bewehren, Betonieren, Härtezeit,
Ausschalen) und weist diesen die notwendigen Kapazitäten zu. > Abb. 11
Im Bereich des Rohbaus erstellen ausführende Bauunternehmen in der
Regel produktionsorientierte Terminpläne, die aufgrund der Taktung der

einzelnen Arbeitsschritte auch als <u>Taktplan</u> bezeichnet werden. Dabei wird das Bauvorhaben in mehrere gleichartige Bauabschnitte eingeteilt. Aufgrund der gleichen Mengen reicht es aus, für einen dieser Abschnitte (Takt) eine produktionsorientierte Terminplanung für die einzelnen Arbeitsschritte zu entwickeln und diese dann für die weiteren Takte hintereinanderzuschalten.

Im Ausbau sind produktionsorientierte Terminpläne seltener zu finden, da aufgrund der vielfältigen Verknüpfungen mit anderen Gewerken das einzelne Ausbaugewerk seine eigenen Arbeiten nur bedingt selbstständig organisieren und takten kann.

ERSTELLEN EINES RAHMENTERMINPLANS

Der Rahmenterminplan hat in der Regel die Aufgabe, Terminvorstellungen der Auftraggeberseite auf ihre Machbarkeit zu überprüfen und die Beteiligten terminlich grob einzutakten. Wenn bei größeren Projekten Projektsteuerer oder professionelle Bauherren beteiligt sind, wird der Rahmenterminplan oft auf Auftraggeberseite erstellt und dem Planer als Vorgabe übergeben.

Je nach Terminvorstellung des Bauherrn ergeben sich Terminvorgaben entweder als direkte Vorgabe eines Fertigstellungstermins oder als indirekte Vorgabe in Form von einzuhaltenden Terminen oder Fristen (z. B. Baubeginn noch im laufenden Jahr aufgrund von steuerlichen Vergünstigungen). Der Zeitraum vom Planungsbeginn bis zum Fertigstellungstermin bildet den Rahmen für die gesamte Planungs- und Bauzeit. Terminvorgaben des Bauherrn

Die Aufteilung des Projektzeitrahmens in Planungszeit und Ausführungszeit ist eine wichtige Aufgabe, um sowohl die Umsetzung der Planung als auch die Umsetzung der Bauaufgabe auf ihre Machbarkeit zu prüfen. Der Bauzeitraum kann über einen Puffer in der Regel gestrafft, die Planungszeit ebenfalls zeitlich optimiert werden. Dies hat jedoch seine Grenzen. An beide Phasen werden Grundvoraussetzungen gestellt, die terminlich nur bedingt unterschritten werden können. Aufteilung in Planung und Bauausführung

Der Baubeginn bedingt die vorliegende Baugenehmigung mit entsprechenden Planungs- und Genehmigungsvorlaufzeiten ebenso wie die vertragliche Einigung mit einem Bauunternehmen, die in der Regel Ausführungspläne, Ausschreibungen und ein darauf basierendes Angebot des Bauunternehmens voraussetzt.

Die Bauausführung kann wiederum nur im kleinen Rahmen typische Abfolgen im Bauprozess umgehen bzw. parallel ablaufen lassen.

Ist eine Terminvorgabe durch den Bauherrn gegeben, sollte die notwendige Bauzeit von diesem Zeitpunkt rückwärts berechnet bzw. über Vergleichsprojekte abgeschätzt werden. Auf diese Weise wird der notwendige Baubeginn ermittelt. Nun ist zu prüfen, ob in der verbliebenen Zeit zwischen Projektstart und Baubeginn die Planungsvoraussetzungen für den Baubeginn zeitlich zu erbringen sind. Dabei ist, auch bei

Vergleichen mit anderen Objekten, immer die Komplexität des jeweiligen
- Projektes zu berücksichtigen.

Ist die Machbarkeit offensichtlich nicht gegeben, sind verschiedene Alternativen zu prüfen. So können z. B. über alternative Bauverfahren (Vorproduktion, Fertigteile, Materialien mit kurzen Trocknungszeiten) Bauzeitverkürzungen herbeigeführt werden. Ist der Fertigstellungstermin in jedem Fall unrealistisch, sollte frühzeitig das Gespräch mit dem Bauherrn gesucht werden.

Aufteilung in Vorgänge Im Rahmenterminplan werden neben der groben Aufteilung in Planungs- und Bauzeit einige Schlüsselplanungen und -gewerke als Einzelvorgang oder Meilenstein aufgenommen. > Kap. Aufstellung eines Terminplans, Elemente eines Terminplans Dies dient dem allgemeinen Projektüberblick des Bauherrn und der rechtzeitigen Einschaltung von Beteiligten. In der Regel werden weitere Differenzierungen dann in der projektorientierten Terminplanung vorgenommen, wobei die Übergänge fließend und vom Informationsinteresse des Bauherrn geprägt sind.

AUFBAU EINES PROJEKTORIENTIERTEN TERMINPLANS

Der projektorientierte Terminplan dient zur Koordinierung der Beteiligten. Dementsprechend ist seine Grobstruktur auf diese abgestimmt. Jeder Planer und jedes ausführende Bauunternehmen wird separat mit seinen durchzuführenden Arbeiten in den Terminplan aufgenommen.

Hierarchisierung nach Vergabeeinheiten Zur Strukturierung und Hierarchisierung werden einzelne Vorgänge zu Sammelvorgängen zusammengefasst. So können einzelne Vorgänge
- Bauteil- oder Bauabschnittsgruppen zugeordnet werden. > Abb. 12

Die oberste Hierarchieebene sollte immer die jeweilige Vergabeeinheit (VE) sein. Unter einer Vergabeeinheit versteht man die Leistungen, die mit einem in sich abgeschlossenen Planungs- oder Bauvertrag in Auftrag gegeben wurden. Besteht eine Vergabeeinheit aus mehreren Gewerken, sind diese wieder einzeln der Vergabeeinheit unterzuordnen. Dies hat den Vorteil, dass sich so die beauftragten Bauunternehmen mit

---

● **Beispiel:** Eine einfache Halle ist in Bezug auf Planungsumfang und Ausführungszeitraum weitaus unkomplizierter einzuschätzen als ein flächenmäßig gleich großes Laborgebäude, in dem komplexe technische Anlagen zu integrieren sind. Zudem sind bei Letzterem mehr Planungsbeteiligte zu koordinieren, wodurch auch das Risiko von Störungen wächst.

■ **Tipp:** Die meisten Terminplanungsprogramme bieten über Sammelvorgänge eine Strukturierung durch „Einrücken" der Vorgänge auf untergeordnete Ebenen an. Der jeweils übergeordnete Vorgang wird automatisch zu einem Sammelvorgang, dessen Dauer sich aus der Summe der untergeordneten Vorgänge ergibt.

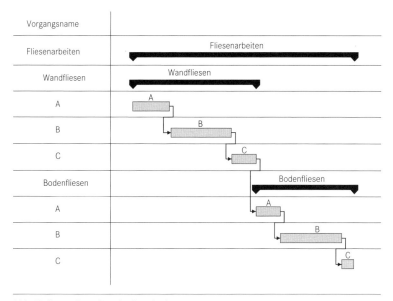

Abb. 12: Sammelvorgänge im Terminplan

ihren Einzelterminen und Bauleistungen übersichtlich steuern lassen und sich Vergabeterminpläne ohne Mehraufwand zur terminlichen Festlegung von Vergabeabläufen erstellen lassen. > Kap. Abläufe im Planungs- und Bauprozess, Koordination der Ausführungsvorbereitung und Kap. Arbeiten mit einem Terminplan, Fortschreiben und Pflegen eines Terminplans

Die Sortierung der Vergabeeinheiten erfolgt in der Regel anhand der zeitlichen Abfolge gemäß Baufortschritt in chronologischer Reihenfolge. Wird der Bauprozess in einzelne Blöcke unterteilt, lassen sich folgende Grobphasen erkennen: *Grobphasen eines Ausführungsterminplans*

1. Vorbereitende Maßnahmen
2. Rohbau
3. Gebäudehülle
4. Innenausbau
5. Haustechnik
6. Abschließende Arbeiten

Diesen Grobphasen der zeitlichen Abfolge lassen sich einzelne Gewerke (ggf. mit Überschneidung) zuordnen, sodass eine erste Terminplanstruktur entsteht. Anschließend werden den Vergabeeinheiten die jeweiligen Bauleistungen als Vorgänge untergeordnet. > Tab. 1 und Kap. Abläufe im Planungs- und Bauprozess *Zuordnung der Vorgänge zu Gewerken*

Tab.1: Typische Gewerke je nach Grobphase

Grobphase	Mögliche Gewerke
Vorbereitende Maßnahmen	– Baustelleneinrichtung (Bauzaun, Container, Anschlüsse usw.) – Abbrucharbeiten – Freimachen bzw. Rodung – Erdarbeiten
Rohbau	– Erdarbeiten – Wasserhaltung – Stahlbetonarbeiten – Maurerarbeiten – Stahlbauarbeiten – Holzbauarbeiten – Abdichtungsarbeiten – Entwässerung im Erdreich/Dränagen – Gerüstarbeiten
Gebäudehülle	– Abdichtungsarbeiten – Dachdeckungs-/Dachabdichtungsarbeiten – Klempnerarbeiten (Regenentwässerung) – Fensterarbeiten – Rollladen/Sonnenschutz – Fassadenarbeiten je nach Außenhaut (Putz, Naturstein, Mauerwerk, Vorhangfassaden usw.)
Innenausbau	– Putzarbeiten – Estricharbeiten – Trockenbauarbeiten – Metallbauarbeiten (z. B. Geländer) – Natur-/Betonwerksteinarbeiten – Fliesen-/Plattenarbeiten – Parkettarbeiten – Bodenbelagsarbeiten – Maler-/Tapezierarbeiten
Haustechnik	– Lüftungsanlagen – Elektro-/Niederspannungsarbeiten – Sanitär-/Wasserinstallationen – Heiz-/Warmwasseranlagen – Gasinstallationen – Blitzschutzarbeiten – Förder- und Aufzugsanlagen – Brandschutzanlagen – Gebäudeautomation – Sicherheitstechnik
Abschließende Arbeiten	– Tischlerarbeiten (Möbel) – Schließanlage – Schlussreinigung – Außenanlagen

In den nächsten Arbeitsschritten werden die Vorgänge miteinander verknüpft und mit einer Vorgangsdauer hinterlegt. > Kap. Aufstellung eines Terminplans, Ablaufplanung der Vorgänge und Dauerplanung der Vorgänge Die Verknüpfung der Vorgänge resultiert in der Regel aus notwendigen, bauprozessbedingten Abhängigkeiten, zusätzlich sind äußere Einflüsse zu berücksichtigen. So müssen eventuell vom Bauherrn vorgegebene Termine oder Fristen wie z. B. ein Richtfest vor Beginn der Sommerferien berücksichtigt werden. Auch können Ereignisse in der Umgebung der Baustelle (z. B. Straßen- oder Stadtfeste, durch Behörden festgesetzte Anschlusstermine) Rückwirkungen auf die Terminplanung haben. Unter Berücksichtigung der Jahreszeiten ist es unter Umständen ratsam, kritische Vorgänge außerhalb der Frostzeit in eine bessere Witterungsperiode zu verschieben, sofern dies zeitlich möglich ist.

Ablauf- und Dauerplanung der Vorgänge

Eine der wichtigsten Maßnahmen zur Organisation der einzelnen Gewerke in ihrer Abfolge und allgemein zur Straffung des Terminplans ist die Einteilung der Arbeiten in Bauabschnitte. Dabei werden Vorgänge wie das Verlegen des Estrichs in Vorgänge für die einzelnen Bereiche des Gebäudes aufgeteilt (Estrich EG, Estrich 1. OG usw.). Da der Bauprozess sich bei größeren Gebäuden zu sehr entzerren würde, wenn z. B. die Putzarbeiten zunächst im ganzen Gebäude abgeschlossen werden, bevor der Estrich im ganzen Gebäude gelegt wird, helfen kleinere Einheiten, Überschneidungen von Vorgängen zu ermöglichen. Die Vorgänge werden dabei in Bauabschnitte eingeteilt, damit die ausführenden Firmen wissen, wo sie anfangen und in welcher Reihenfolge der Bauabschnitte die Arbeiten fortschreiten sollen. > Abb. 13

Einteilung in Bauabschnitte

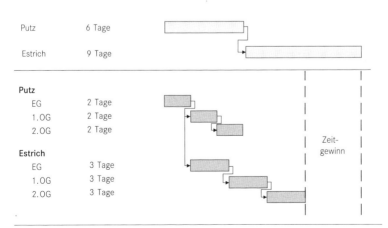

Abb. 13: Bauzeitverkürzung durch Bauabschnitte

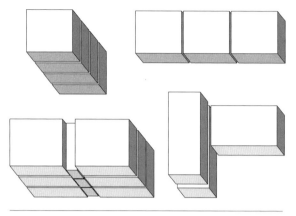

Abb. 14: Typische Einteilungen von Bauabschnitten

Die Einteilung des Gebäudes in Bauabschnitte ist bei der Untergliederung der Terminplanung sorgfältig zu bedenken, da eine Veränderung der Bauabschnitte in einer späteren Phase mit viel Arbeit für den Terminplaner verbunden ist. Dabei gilt: Je kleinteiliger ein Gebäude in Bauabschnitte untergliedert wird, desto kürzer ist die Bauzeit. Die Unterteilung sollte jedoch je nach Projektgröße und Zeitdruck in einem sinnvollen Rahmen bleiben, da ein Terminplan mit zu kleinen Bauabschnitten bei der Erstellung und Nutzung auf der Baustelle schlecht handhabbar ist. > Kap. Arbeiten mit einem Terminplan, Fortschreiben und Pflegen eines Terminplans

Bei kleinen Bauvorhaben (Anbau an ein Wohnhaus) ist eine Unterteilung möglicherweise gar nicht notwendig, bei Großprojekten sind dagegen eventuell viele Bauabschnitte notwendig, um die Bauzeit in einem angemessenen Rahmen zu halten.

Bei der Einteilung von Bauabschnitten sollten möglichst sinnvolle und einfach zu vermittelnde Unterteilungen vorgenommen werden. So können sich, der Geometrie des Gebäudes folgend, Bauabschnitte z. B. durch Geschosse, einzelne über Treppenhäuser zu erschließende Baukörper, durch beidseitig eines Treppenhauses liegende Einheiten oder spätere Mieteinheiten entwickeln. > Abb. 14

Wichtige Aspekte bei der Unterteilung sind separate Zugänglichkeit, Abgrenzbarkeit gegenüber anderen Bereichen, möglichst gleich große Fertigungsmengen in den Bauabschnitten und die Berücksichtigung der Fertigungsabläufe.

Die separate Zugänglichkeit z. B. über ein Treppenhaus ist bei einigen Arbeiten wie den Estricharbeiten oder der Verlegung von Bodenbelägen besonders wichtig, damit Gewerke sich nicht gegenseitig behin-

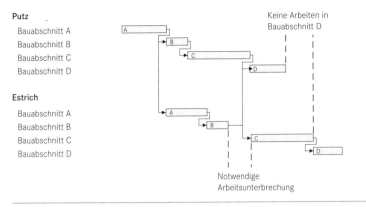

Abb. 15: Probleme bei unterschiedlich großen Bauabschnitten

dern und trotz abgesperrter Bereiche den zu bearbeitenden Bauabschnitt erreichen können.

Andererseits hilft die Abgrenzbarkeit, bereits fertiggestellte Bauteile und Oberflächen vor Beschädigungen zu schützen. Werden einzelne Bereiche abgesperrt bzw. nur den derzeit tätigen Gewerken freigegeben, lassen sich Schäden, Verunreinigungen und Diebstähle auf der Baustelle eingrenzen und leichter einem Verursacher zuordnen.

Bezogen auf die Fertigungsmenge sollten die einzelnen Bauabschnitte so gewählt werden, dass ein möglichst gleich großes Arbeitsvolumen pro Bauabschnitt und Gewerk entsteht. Auf diese Weise lassen sich durchgehende Taktungen erreichen und Wartezeiten einzelner Gewerke vermeiden. > Abb. 15

Ein weiterer Aspekt bei der Einteilung von Bauabschnitten sind die verschiedenen Fertigungsabläufe einzelner Gewerke. In der Regel entsteht der Rohbau geschossweise (von unten nach oben), einige haustechnische Gewerke arbeiten jedoch strangweise entlang bestimmter Installationswege wie z. B. Abwasserleitungen in Schächten (von oben nach unten) oder in sich geschlossenen Kreisläufen (z. B. Unterverteilung in einer Mieteinheit). Hierdurch kommt es immer wieder zu Missverständnissen und gegenseitigen Behinderungen.

ABLAUFPLANUNG DER VORGÄNGE

Um die einzelnen Vorgänge besser nachvollziehen zu können, ist es sinnvoll, einen Vorgang in seinem typischen Ablauf systematisch zu betrachten. Dieser lässt sich in der Regel in drei Grobphasen unterteilen:

- Vorlaufzeit (notwendiger Planungsstand, Vergabevorlaufzeit, Gewerkevorlaufzeit)
- Ausführungszeit (je nach Beteiligten: Planungszeitraum oder Bauausführung)
- Nachlaufzeit (Trocknungs- und Härtezeiten, Nacharbeiten)

Vorlaufzeiten sind Vorgänge oder Meilensteine, die vor der Bauausführung notwendig eingeplant werden müssen. So ist es möglich, dass Fenster vor ihrem Einbau vor Ort aufgemessen, geplant und vorproduziert werden müssen. Nachlaufzeiten sind dagegen Fristen, die nach Durchführung eines Vorgangs z. B. als Trocknungszeit einzuhalten sind, bevor weitere Arbeiten an diesem Bauteil durchgeführt werden können.

Vergabevorlaufzeit

Bei Bauleistungen ist zwischen Planung und Ausführung terminlich die Vergabe zu berücksichtigen. Hierbei muss grundsätzlich zwischen privatwirtschaftlichen und öffentlichen Vergaben unterschieden werden. Öffentliche Vergaben werden in der Regel nach strengen Richtlinien oder Vorschriften mit entsprechend rechtlich verankerten Fristen durchgeführt. Im privatwirtschaftlichen Bereich sind diese nicht verbindlich. Der Vergabeprozess lässt sich somit weniger formell und viel direkter gestalten, jedoch sollten gewisse Mindestzeiten auch hier nicht unterschritten werden, um allen Beteiligten ein ordnungsgemäßes Handeln zu ermöglichen. Daher sind die Fristen der öffentlichen Vorschriften auch im ○ privatwirtschaftlichen Bereich als sinnvolle Vorlage einzuplanen.

Meilensteine im Terminplan

Im Vergabeprozess gibt es mehrere Etappen, die eine Vergabe durchläuft. > Abb. 16 und Kap. Abläufe im Planungs- und Bauprozess, Koordination der Ausführungsvorbereitung In der Terminplanung sollten mindestens folgende Vorgänge oder Meilensteine aufgenommen werden:

> ○ **Hinweis:** Auch bei Planungsleistungen sollte eine ausreichende Vergabevorlaufzeit berücksichtigt werden, um den für die Aufgabe am besten geeigneten und erfahrensten Fachplaner (z. B. Brandschutz bei Umbauten im Bestand) zu finden. Es kann vorkommen, dass auch bei der Planungsvergabe öffentliche Ausschreibungen durchgeführt werden müssen.

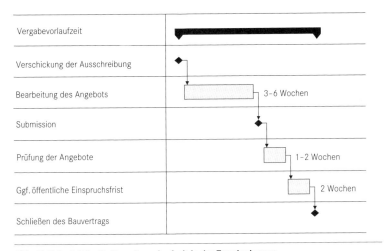

Vergabevorlaufzeit		
Verschickung der Ausschreibung		
Bearbeitung des Angebots		3-6 Wochen
Submission		
Prüfung der Angebote		1-2 Wochen
Ggf. öffentliche Einspruchsfrist		2 Wochen
Schließen des Bauvertrags		

Abb. 16: Beispiel für die Vergabevorlaufzeit in der Terminplanung

– <u>Veröffentlichung</u>: zumindest bei den meisten öffentlichen Verfahren notwendig
– <u>Verschickung der Ausschreibung</u>: als Stichtag für den Planer für die Fertigstellung aller Unterlagen
– <u>Submission</u>: als Stichtag für die Unternehmen zur Abgabe der Angebote
– <u>Schließen des Bauvertrags</u>: als Stichtag für den Bauherrn
– <u>Baubeginn</u>

Bei der Terminplanung der Vergabevorlaufzeiten jeder einzelnen Vergabeeinheit wird rückwärts gerechnet, da die Vergabevorlaufzeit in der Regel so terminiert werden muss, dass die Bauleistung auf der Baustelle rechtzeitig abgerufen werden kann.

Ausgehend vom <u>Baubeginn</u> ist ein Zeitraum von mindestens zwei Wochen zwischen <u>Bauvertrag</u> und Baubeginn einzuplanen, da das beauftragte Unternehmen seinen Baubeginn zunächst organisieren muss (Materialanforderung, Transport auf die Baustelle, eigene Baustelleneinrichtung usw.).

Bauvertrag und Baubeginn

Zwischen <u>Bauvertrag</u> und <u>Submission</u> ist ebenfalls ausreichend Zeit einzuplanen, mindestens ein oder zwei Wochen je nach Komplexität der Leistung. In dieser Zeit prüft der Planer alle Angebote und erstellt einen Preisspiegel als Entscheidungsgrundlage für den Bauherrn, der festlegen muss, welches Bauunternehmen beauftragt werden soll. Sind Unklarheiten oder Abweichungen in den Angeboten vorhanden, müssen diese zunächst mit den Beteiligten erörtert werden. Bei öffentlichen Verfahren

Submission

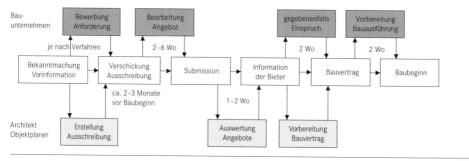

Abb. 17: Typisches Vergabeverfahren nach EU-Vergaberichtlinien

kann auch eine Widerspruchsfrist für die preislich unterliegenden Bieter vorgeschrieben sein. Teilweise sind die Entscheidungsprozesse des Bauherrn langwierig, sodass der notwendige Zeitraum auch weit über zwei Wochen hinaus reichen kann.

Versand der Ausschreibung

Nach der Verschickung der Ausschreibung durch den Planer und der Angebotsabgabe durch den Bauunternehmer muss das bietende Bauunternehmen bis zum Submissionstermin ein fundiertes Angebot erstellen. Je nach Komplexität der angefragten Bauleistung ist die Angebotskalkulation durch das Bauunternehmen aufwendig und zeitintensiv, sodass ein ausreichend großer Zeitraum von ca. sechs Wochen zur Verfügung gestellt werden sollte. Das Bauunternehmen muss möglicherweise Lieferantenpreise einholen oder eigene Ausschreibungen erstellen, um Subunternehmer für Teile der Bauleistung anzufragen. Auch bei hoher Dringlichkeit ist es einem Bauunternehmen meist nicht möglich, in einer Frist unterhalb von zwei Wochen ein Angebot aufzustellen.

Veröffentlichung

Wird die Bauleistung von einem öffentlichen Auftraggeber vergeben, so ist je nach nationaler Vorschrift und gewähltem Vergabeverfahren vorab die Information zu veröffentlichen, dass die Vergabe dieser Bauleistung beabsichtigt wird. Die Veröffentlichung als Vorinformation hilft Bauunternehmen, sich rechtzeitig um die Teilnahme zu bewerben und die Ausschreibungsunterlagen anzufordern. > Abb. 17

Gewerkevorlaufzeit

Nicht jede Bauleistung kann direkt nach Schließung des Bauvertrages begonnen werden. Oft muss das Bauunternehmen zunächst weitere Arbeitsschritte durchführen, bevor die Leistung auf der Baustelle erbracht werden kann. Diese Gewerkevorlaufzeit ist insbesondere bei Arbeiten zu berücksichtigen, die eigene Planungsleistungen des Bauunternehmens,

eine Vorproduktion außerhalb der Baustelle oder aufwendige Materialbeschaffung voraussetzen.

Grundsätzlich bestellt ein Bauunternehmen das notwendige Mate- Materialdisposition
rial erst nach Vertragsschluss, um die Materialbeschaffung finanziell ab-
zusichern. Bei vielen Bauleistungen, die wie Putz- oder Estricharbeiten
mit standardisierten und verfügbaren Baustoffen erbracht werden, lässt
sich dies in den oben genannten zwei Wochen zwischen Bauvertrag und
Baubeginn bewerkstelligen.

Werden Materialien gefordert, die nicht standardisiert im Großhandel erhältlich sind, muss die Materialdisposition in der Terminplanung
beachtet und, wo nötig, vorab durch den Planer überprüft werden. ●

Sind Materialien durch den Bauherrn vor der Bestellung zu bemus- Bemusterung
tern (z. B. bestimmte Ziegel, Fliesen, Musterfenster, Farben oder Ähn-
liches), > Abb. 18 und 19 sollte ein ausreichender Zeitraum für folgende
Schritte der Bemusterung berücksichtigt werden:

— Zeitraum zur Beschaffung des Musters
— Zeitraum der Begutachtung und Freigabe durch den Bauherrn
— Zeitraum für Abänderung oder Neubeschaffung von Mustern (wenn
  nötig)
— Lieferfristen des Materials

Neben der Zeit für die Materialbeschaffung benötigen einige Bauleis- Vorproduktion
tungen auch Zeit für eine eigene Werkplanung des Bauunternehmens und
müssen eine Vorproduktion durchlaufen, bevor sie auf der Baustelle erbracht werden können.

Je nach Bauleistung muss das Bauunternehmen vor Ort den Einbau-
ort aufmessen, um eigene Bauteile passgenau vorproduzieren und ein-
bauen zu können. Ein Aufmaß erfordert somit einen ausreichenden Fort-
schritt im Bauprozess (z. B. Fertigstellung der Rohbauöffnungen oder
Oberkanten Fußböden).

● **Beispiel:** Bei großen Unternehmen können ab einer
gewissen Auftragssumme die baubetreuenden Ange-
stellten nicht mehr direkt entscheiden. Hier muss ein
höher gestelltes Gremium wie z. B. der Unternehmens-
vorstand einer Bauvergabe zustimmen. Je nach
Sitzungsintervall kann dann einige Zeit bis zur Vergabe
verstreichen.

● **Beispiel:** Werden Natursteinplatten aus fernen Län-
dern in bestimmten Größen benötigt, müssen diese
zunächst geordert, hergestellt und auf dem Seeweg
importiert werden. Sind ungewöhnlich große Mengen
eines speziellen Baustoffs bzw. Bauteils erforderlich
oder müssen Einzelanfertigungen hergestellt werden,
kann es sein, dass die Produktion aufgrund fehlender
Vorräte im Großhandel einige Zeit in Anspruch nimmt.

Abb. 18: Bemusterung eines Fassadensystems

Abb. 19: Muster einer Dachrandgestaltung

Auf der Basis des Aufmaßes erstellt das Bauunternehmen eigene Werkpläne als Grundlage für die Vorproduktion der notwendigen Bauelemente. Falls vertraglich vereinbart, wird die Werkplanung vor der Herstellung der entsprechenden Bauelemente durch den Architekten technisch freigegeben. In diesem Fall sind zusätzlich zur Erstellungs- und Bearbeitungsdauer für die Werkzeichnungen auch Prüfungszeiträume und die Freigabe durch den Planer einzuplanen. > Abb. 20

Nach erfolgter Freigabe gelangt das Bauelement in die Vorproduktion, was bis zur Montage je nach Gewerk und Bauteil mehr als sechs bis acht Wochen in Anspruch nehmen kann. Die Montage auf der Baustelle beansprucht bei vorproduzierten Bauteilen in der Regel nur einen relativ kurzen Zeitraum.

Typische Bauelemente, die eine Vorproduktion durchlaufen, sind:

- Fassaden, Fenster und Türen
- Glasdächer und Oberlichter
- Betonfertigteile
- Stahlkonstruktionen (z. B. Hallentragwerke, Treppen, Geländer)
- Holzkonstruktionen (z. B. Dachstühle)
- Systemelemente (z. B. Glasbürotrennwände)
- Lüftungsanlagen
- Aufzugsanlagen
- Einbaumöbel und Inneneinrichtung

Ausführungszeit

Die Ausführungszeit umfasst alle der Vergabeeinheit zugehörigen Vorgänge. Bei deren Aufteilung sind entsprechende Abhängigkeiten zwi-

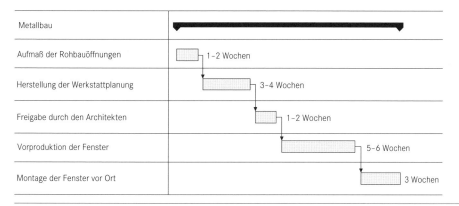

Metallbau	
Aufmaß der Rohbauöffnungen	1-2 Wochen
Herstellung der Werkstattplanung	3-4 Wochen
Freigabe durch den Architekten	1-2 Wochen
Vorproduktion der Fenster	5-6 Wochen
Montage der Fenster vor Ort	3 Wochen

Abb. 20: Typische Gewerkevorlaufzeiten von Metallfenstern

schen den Bauteilen und Gewerken, die Einteilung nach Bauabschnitten und die Vorgangsdauern zu berücksichtigen. > Kap. Aufstellung eines Terminplans, Dauerplanung der Vorgänge Dabei gilt der Grundsatz, einem ausführenden Unternehmen die exakte Einteilung der einzelnen Arbeiten dort zu überlassen, wo es keine Abhängigkeiten mit anderen Bauunternehmen gibt. An Stellen, an denen mehrere Gewerke ineinandergreifen, sollte die Unterteilung so weit detailliert werden, dass jedes Gewerk zeitlich eindeutig die eigenen Arbeiten und deren Abhängigkeiten ablesen kann.

Liegen verschiedene Arbeiten eines Gewerks zeitlich stark auseinander und stehen diese Arbeiten in keinem bautechnischen Zusammenhang, kann es sinnvoll sein, das Gewerk in zwei Vergabeeinheiten zu unterteilen, um jeweils ausreichend Planungsvorlauf nutzen zu können und in sich abgeschlossene und zusammenhängende Bauverträge zu gewähr- ●
leisten.

Typische Vorgänge und Abhängigkeiten des Planungs- und Bauprozesses werden im Kapitel Abläufe im Planungs- und Bauprozess beschrieben.

● **Beispiel:** Oft gibt es verschiedene Arbeiten im Bereich Stahl- und Metallbau, die sich über den ganzen Bauprozess erstrecken. Hierzu können Stahltragwerke, Fenster, Außenwandbekleidungen, Türen, Geländer, Treppen usw. gehören. Da die Arbeiten meist nicht aufeinander aufbauen und sich Bauunternehmen auch auf bestimmte Bereiche spezialisiert haben, ist es sinnvoll, teilweise getrennte Vergabeeinheiten vorzusehen.

Nachlaufzeiten

Nachlaufzeiten lassen sich in bautechnische und vertragliche Nachlaufzeiten unterteilen.

Bautechnische
Nachlaufzeiten

Bautechnisch sind Trocknungs- und Härtezeiten einzelner Bauteile, die als Unterbrechung vor weiteren Arbeiten eingeplant werden müssen, für die Ablaufplanung von elementarer Bedeutung. Dazu zählen z. B. Härtezeiten bei Estrichen, weil eine Estrichfläche nach dem Einbau noch nicht belastbar und begehbar ist. Somit sind einzelne Bauabschnitte temporär nicht nutzbar. Auch die Trocknungszeit ist Voraussetzung für die Weiterverarbeitung des betroffenen Bauelements. So bedingt das Belegen von Putzen oder Estrichen mit Fliesen, Anstrichen oder anderen Oberflächen eine ausreichende Trocknung, um keine späteren Feuchtigkeitsschäden an der fertigen Bauteiloberfläche hervorzurufen. Bei vielen Bauteilen ist die Aushärtung und somit die Begehbarkeit weitaus schneller erreicht als die Trocknung zur Weiterverarbeitung.

Vertragliche
Nachlaufzeiten

Nacharbeiten, die typischerweise für einzelne Gewerke auf der Baustelle anfallen, haben Einfluss auf die vertraglich vereinbarte Bauzeit einer Vergabeeinheit. Beispiele für Nach- und Restarbeiten sind:

— Rohbau: Schließen von Durchbrüchen nach haustechnischer Installation, Räumung der Baustelleneinrichtung nach Fertigstellung des Gebäudes (sofern über Rohbau beauftragt)
— Fenster und Türen: Montage von Fenster- und Türgriffen kurz vor Baufertigstellung
— Putzarbeiten: Das Anputzen von Türen, Treppenbelägen, Fensterbänken
— Haustechnik: Feininstallation der Schalter, Heizungskörper und Sanitärobjekte, Inbetriebnahme von technischen Anlagen
— Malerarbeiten: Nachstreichen nach Fliesenarbeiten, Feininstallation und Montagen auf fertigen Wänden und Decken

Derartige Nacharbeiten sollten in Terminplänen als eigener Vorgang berücksichtigt werden, um eventuelle Forderungen seitens der Bauunternehmen aufgrund einer Überschreitung der Vertragsdauer auszuschließen. Darüber hinaus sind auch Gewährleistungszeiten relevant, die mit der Abnahme beginnen. Je früher also das Ende der vertraglich vereinbarten Bauleistungen erreicht ist und somit die Abnahme erfolgen kann, desto früher enden auch die Gewährleistungszeiten, in denen der Bauherr im Falle von Schäden Anspruch auf Beseitigung hat.

Im Planungsbereich wiederum beinhalten Nachlaufzeiten vor allem Auskunfts- und Beratungstätigkeiten bei geänderten Entwürfen oder Bedingungen während der Bauphase (z. B. bei unerwarteten Befunden in Bestandsgebäuden oder im Baugrund).

DAUERPLANUNG DER VORGÄNGE

Sind alle Vorgänge der einzelnen Gewerke und Planungsbeteiligten erfasst, müssen zunächst die Dauern der Vorgänge ermittelt werden. In der Regel greifen Architekten auf Erfahrungswerte aus vergangenen Projekten zurück oder erfragen typische Dauern bei Fachverbänden oder Bauunternehmen.

Ein weiterer Weg ist die Berechnung von Dauern über ermittelte Mengen des Projektes und mengenbezogene Zeitwerte. Man unterscheidet hierbei Aufwands- und Leistungswerte.

Aufwandswerte (AW) geben den Verbrauch an Personenstunden (Ph) je Mengeneinheit der Fertigungsmenge an und werden wie folgt ermittelt:

Aufwandswerte

Aufwandswert = erforderliche Personenstunden / Mengeneinheit (z. B. 0,8 h/m^2)

Ein Leistungswert (LW) ist die Reziproke des Aufwandswertes. Er gibt an, welche Menge von einer Ressource pro Zeiteinheit erbracht wird:

Leistungswerte

Leistungswert = ausgeführte Menge / Zeiteinheit (z. B. 1,25 m^2/h)

Im Bauwesen finden Leistungswerte vor allem in Bezug auf Maschinen (z. B. Angabe der Aushubleistung eines Baggers in m^3/h), Aufwandswerte in Bezug auf Arbeitskräfte (z. B. Angabe des Aufwands in Stunden zur Herstellung pro Kubikmeter Mauerwerk in h/m^3) Anwendung.

Die Mengenermittlung richtet sich nach den Mengeneinheiten (m, m^2, m^3, Stück) des zu Grunde liegenden Aufwands- oder Leistungswerts. Wurde ein Leistungswert bezogen auf m^3 Erdreich gefunden, so sind die Erdarbeiten als m^3-Menge zu ermitteln.

○
Mengenermittlung

Oft stimmen die Mengeneinheiten der Zeitwerte mit Mengeneinheiten anderer Arbeitsschritte des Planungsprozesses (Kostenermittlung, Ausschreibung usw.) überein, sodass Mengen direkt aus diesen Vorlagen übernommen werden können.

○ **Hinweis:** Aufwands- und Leistungswerte sind immer individuell abhängig von der Art und Arbeitsweise eines Bauunternehmens und der beteiligten Arbeitskräfte. Zudem ist die Arbeit auf der Baustelle oft durch besondere Bedingungen und Bauumstände geprägt. Daher lassen sich über diese Näherungswerte niemals exakte Vorgangsdauern vorausberechnen.

Sind keine Mengen vorhanden, müssen sie neu ermittelt werden. Dabei sollte die Ungenauigkeit von Aufwands- und Leistungswerten beim Detaillierungsgrad der Mengenermittlung berücksichtigt werden, sodass eine überschlägige Berechnung in der Regel ausreichend ist.

Ermittlung der Vorgangsdauer

Aus der ermittelten Menge und dem Aufwands- bzw. Leistungswert lässt sich der gesamte Stundenaufwand eines Vorgangs berechnen, der zur Erbringung der Leistung erforderlich ist. Man bezeichnet dies als <u>Personenstunden (Ph)</u>. Werden die Personenstunden durch die Anzahl der <u>Arbeitskräfte (AK)</u> und die <u>tägliche Arbeitszeit (TA)</u> dividiert, so erhält man die voraussichtliche <u>Vorgangsdauer (D)</u> in <u>Arbeitstagen (AT)</u>:

$$D = \frac{Ph(A_w * Menge)}{AK * TA} \quad D = [AT]$$

Anzahl der Arbeitskräfte

Die tägliche Arbeitszeit bestimmt sich in der Regel über tarifliche Bestimmungen, in Sonderfällen wie bei starkem Termindruck werden auch Überstunden einkalkuliert. Die Anzahl der Arbeitskräfte wiederum sollte so gewählt werden, dass ein sinnvoller Bauablauf gewährleistet ist. Einige Arbeiten wie die Fenstermontage erfordern eine Mindestanzahl von Arbeitskräften, da sie ansonsten nicht sinnvoll durchführbar oder überhaupt nicht zu bewerkstelligen sind. Allerdings kann die Zahl der Arbeitskräfte nicht beliebig erhöht werden, da die Arbeiter dann nicht mehr sinnvoll eingesetzt werden können. So ist beispielsweise bei Estricharbeiten die Anzahl der Arbeitskräfte stark an die Verfügbarkeit von Maschinen gekoppelt, deren Produktivität sich nur in einem sehr kleinen Rahmen über mehr Personal steigern lässt.

Die Festlegung der <u>Kapazität</u> ist lediglich ein interner Berechnungsansatz, um eine vernünftige Ausführungsdauer zu erreichen. Bauunternehmen ist es in der Regel selbst überlassen, die ausreichende Anzahl an Arbeitskräften für die zur Verfügung stehende Bauzeit einzusetzen. Dem Bauleiter helfen die Berechnungsgrundlagen jedoch dabei, eine

■ **Tipp:** Je nach Bauumständen sind Abweichungen von mehr als 50% zwischen publizierten Zeitwerten und der Realität keine Seltenheit. Daher sind kleinere Mengenabweichungen in der Berechnung vernachlässigbar. Werden möglichst genaue Angaben gewünscht, empfiehlt es sich, mehrere Quellen für Zeitwerte zu vergleichen. Im Anhang sind einige typische Aufwandswerte als Arbeitsgrundlage zusammengefasst.

● **Beispiel:** Bei einem Aufwandswert von 0,8 h/m² und einer Menge vom 300 m² sowie einer Kolonnenstärke von fünf Arbeitskräften bei einer täglichen Arbeitszeit von acht Stunden ergibt sich eine Dauer von

$$D = \frac{0,8 \times 300}{5 * 8} = 6 \text{ AT}$$

Unterbesetzung der Baustelle zu bemerken, bevor Endtermine nicht mehr einzuhalten sind. So dient die Formel in umgestellter Form auch zur Feststellung der notwendigen Arbeitskräfte, um eine Leistung in einem gegebenen Terminrahmen fertigstellen zu können:

$$AK = \frac{Ph(A_w * Menge)}{D * TA}$$

Eine derartige Berechnung kann auch benutzt werden, um Bewertungsgrundlagen der Vergabe über die Leistungsfähigkeit und die Präsenz eines Bauunternehmens vor Ort zu ermitteln.

Für den Terminplaner bringt es Vorteile, wenn die Anzahl der Arbeitskräfte auf die Vorgangsdauern der Bauabschnitte abgestimmt wird. Sind mehrere Gewerke hintereinander in einem Bauabschnitt tätig und wechseln dann sukzessive in den nächsten, sorgen gleich große Vorgangsdauern dafür, dass in den Bauabschnitten kontinuierlich gearbeitet wird und keine Kolonnen auf andere Gewerke warten müssen. > Abb. 21

Nicht jeder Terminplan und jeder Vorgang benötigt eine exakte Berechnung der Vorgangsdauer, oft reicht eine Abschätzung nach Erfahrungswerten aus. Das liegt vor allem daran, dass sich zeitliche Veränderungen der Vorgangsdauern im kleineren Rahmen in jedem Bauprozess ergeben, dies aber auf den Fertigstellungstermin des gesamten Gebäudes meist nur bedingt Auswirkungen hat. Viel wichtiger für die Einhaltung von Gesamtterminen sind die im folgenden Kapitel beschriebenen Abläufe der Vorgänge untereinander, da es hier bei Fehlern zu strukturellen Verschiebungen mit weitreichenden Folgen kommen kann.

Trotzdem sind Vorgangsdauern nicht zu vernachlässigen, da sie die Grundlage der vertraglich mit den Bauunternehmen vereinbarten Ausführungstermine sind. Somit sollten realistische und umsetzbare Vorgangsdauern angesetzt werden, um eine störungsfreie Abwicklung der einzelnen Bauverträge zu ermöglichen.

Ergebnis der
Dauerplanung

● **Beispiel:** Ist eine Gesamtstundenzahl von 240 Personenstunden zur Erbringung einer Leistung notwendig, aber der zur Verfügung stehende Zeitraum beschränkt sich auf lediglich fünf Arbeitstage, errechnet sich die Zahl der notwendigen Arbeitskräfte aus 240 Ph dividiert durch 5 × 8 (Ph/D × TA) = 6 Arbeitskräfte.

■ **Tipp:** Bei der Ermittlung der Vorgangsdauer sollten neben rein rechnerischen Ansätzen auch andere Faktoren wie Feiertage, typische Ferienzeiten oder typische Frostperioden berücksichtigt werden, in denen Baumaßnahmen in der Regel nicht mit gleich bleibender Geschwindigkeit voranschreiten. Gerade der Zeitraum um Weihnachten und Silvester ist hierfür typisch, selbst wenn dort ausreichend Werktage vorhanden sind.

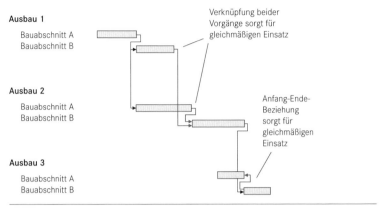

Ausbau 1

Bauabschnitt A
Bauabschnitt B

Verknüpfung beider
Vorgänge sorgt für
gleichmäßigen Einsatz

Ausbau 2

Bauabschnitt A
Bauabschnitt B

Anfang-Ende-
Beziehung
sorgt für
gleichmäßigen
Einsatz

Ausbau 3

Bauabschnitt A
Bauabschnitt B

Abb. 21: Vorgehensweise bei der Taktung unterschiedlicher Vorgangsdauern

Dauer von
Planungsvorgängen

Planungsleistungen lassen sich prinzipiell nicht über Aufwandswerte ermitteln, da sich geistige und kreative Arbeit nicht nach Stunden pro Einheit erfassen lässt. In der Regel werden Vorgangsdauern der Planung im Dialog mit den beteiligten Planern und Sachverständigen bei Beauftragung und im Verlauf des weiteren Prozesses festgelegt, sodass persönliche Erfahrungswerte und zur Verfügung stehende Zeitkontingente optimal ausgeschöpft werden können. Dies hilft, den Beteiligten ein Bewusstsein für ihren Beitrag zum termingerechten Gelingen des Projektes zu vermitteln und so Auswirkungen eventuell verspäteter Planungsstufen zu verdeutlichen.

Abläufe im Planungs- und Bauprozess

Im folgenden Kapitel werden typische Vorgänge von Beteiligten am Planungs- und Bauprozess sowie deren Abhängigkeiten untereinander beschrieben, um vor diesem Hintergrund Projekte auf relevante Vorgänge untersuchen und diese in einem Terminplan praxisnah abbilden zu können.

PLANUNGSBETEILIGTE

In der Planungsphase sind verschiedene Beteiligte zu koordinieren, die sich groben Kategorien zuordnen lassen. > Abb. 22

Zunächst ist als Initiator der Baumaßnahme der Bauherr bzw. Auftraggeber zu nennen. Dieser kann aus einer Person oder aus einer komplexen Verbindung verschiedener Personen und Institutionen bestehen. So können sich starke Unterschiede in der Sichtweise zwischen Eigentümer, Projektentwickler, Finanzierungsträgern (Banken) und späteren Nutzern ergeben. Ist der Auftraggeber z. B. ein Unternehmen oder eine öffentliche Institution, stehen hinter dem Projektbetreuer oft Gremien und Abteilungen, die ebenfalls Einfluss und Entscheidungsmacht haben können und somit in den auftraggeberseitigen Entscheidungsprozess einzubinden sind.

Auftraggeberseite

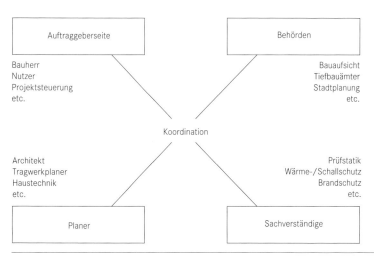

Abb. 22: Kategorien von Beteiligten in der Planungsphase

Zur Koordination der Auftraggeberseite ist es vor allem wichtig, Entscheidungswege zu verstehen und zeitlich abschätzen zu können, sodass
● Entscheidungen durch den Planer rechtzeitig vorbereitet werden.

Behörden Jedes neu zu errichtende Gebäude erfordert zudem Kontakt zu Behörden, die über die Rechtmäßigkeit des Vorhabens entscheiden und dieses öffentlich-rechtlich genehmigen und durch Prüfungen begleiten. Der Umfang der behördlichen Eingriffe in den Prozess ist stark abhängig von der Funktion des geplanten Gebäudes, der Bautypologie, den rechtlichen Vorgaben und der Situation des Ortes. Neben der genehmigenden Bauaufsichtsbehörde können beteiligt sein:

— Tiefbaubehörden (Anschlüsse des Grundstücks)
— Stadtplanungsbehörden (Klärung der städtebaulichen Situation)
— Umweltbehörden (Auswirkungen der Baumaßnahme auf die Umwelt)
— Arbeitsschutzbehörden (Arbeitsschutz auf der Baustelle und im späteren Gebäude)
— Denkmalschutzbehörden (bei historischen Altbauten)
— Vermessungs- und Katasterbehörden (Kartenmaterial, Lagepläne)
— Grundbuch- und Liegenschaftsbehörden (Grundstücksverwaltung, Belastungen und Einschränkungen auf dem Grundstück)
— Gewerbebehörden (bei späterer gewerblicher Nutzung)

Da Behörden in der Regel als Kontrollfunktion oder Entscheidungsträger fungieren, ist zur Integration in den Planungsprozess das Verständnis von Entscheidungsschritten und -dauern notwendig. So sollte für die Erteilung einer Baugenehmigung ein realistischer Zeitraum nach Einreichen der Unterlagen in die Terminplanung aufgenommen werden.

Planer Die Planungsseite setzt sich aus verschiedenen Objekt- und Fachplanungen zusammen. Der Objektplaner (in der Regel der Architekt) führt

● **Beispiel:** Benötigt der Architekt für den weiteren Planungsprozess und die Ausschreibung Festlegungen zu Oberflächen wie Fußbodenbelägen vom Bauherrn, sollte er frühzeitig Muster von sinnvollen Alternativen mit entsprechenden Vor- und Nachteilen (Kosten, Langlebigkeit, Empfindlichkeit usw.) bereitstellen. Eventuell muss der Bauherr sich intern mit anderen Personen oder extern mit späteren Mietern abstimmen.

diese zusammen und löst eventuell vorhandene Konflikte verschiedener Anforderungen untereinander. Die drei wichtigsten Planungsbereiche, die in der Regel den gesamten Planungsprozess vernetzt durchlaufen, sind die Architektur, die Tragwerksplanung und die Haustechnik. Im Einzelnen kann jedoch eine Vielzahl von Fachplanern beteiligt sein:

— Tragwerksplanung
— Innenarchitektur
— Elektroplanung
— Trink- und Abwasserplanung
— Lüftungsplanung
— Brandschutzplanung
— Planung Datentechnik
— Aufzugsplanung
— Küchenplanung
— Fassadenplanung
— Landschafts- und Freiraumplanung
— Lichtplanung
— Facility Management
— Logistikplanung

Neben den am Planungsprozess Beteiligten gibt es Sachverständige,   Sachverständige die gutachterlich einzelne Fachgebiete bewerten. Hierzu gehört mindestens die Bewertung und Prüfung des Wärmeschutzes, des Schallschutzes, des Brandschutzes und der Statik.

Diese gutachterliche Stellungnahme eines Sachverständigen ist in der Terminplanung vor allem mit der Vorlage der Ergebnisse einzubeziehen. Zum Beispiel müssen zur Baugenehmigung bzw. zum Baubeginn bestimmte Gutachten vorliegen. Die Sachverständigen müssen dementsprechend mit Vorlauf beauftragt und mit Arbeitsunterlagen versorgt werden.   o

○ **Hinweis:** Eine detaillierte Beschreibung der Beteiligten am Planungsprozess und der aufeinander aufbauenden Planungsabläufe findet sich in *Basics Projektplanung* von Hartmut Klein, erschienen im Birkhäuser Verlag, Basel 2008.

KOORDINATION DER PLANUNG

Die Intensität der Koordination in der Planungsphase ist stark abhängig von der Objektgröße und -komplexität sowie der zeitlichen Enge durch Terminvorgaben des Bauherrn. Für ein Wohnhaus, das in weiten Teilen ausschließlich durch den Architekten geplant wird, sind meist nur einige wenige Termine wie Baugenehmigung und Baubeginn von Relevanz, für größere Objekte wie Laborgebäude oder spezielle Produktionsstätten wird oft eine Vielzahl von Spezialisten benötigt.

Die Aufteilung des Planungszeitraums ist nur bedingt auf die Abfolge der Architekturplanung aufzubauen, da andere Beteiligte ihre Bereiche anders strukturiert haben. Der beste Einstieg in die Planungsorganisation ist eine Verknüpfung der drei wichtigsten Planungsbereiche Architektur, Tragwerksplanung und Haustechnik, da diese in der Regel durchgehend und ineinandergreifend den Planungsprozess bestimmen. Bei der Planung sollte zu Grunde gelegt werden, dass Fachplaner für ihre Planung entsprechend fortgeschrittene Planungsstände des Objektplaners benötigen. So entsteht eine typische Abfolge in der Vernetzung von Planungen durch:

1. Vorlaufende Erarbeitung einer entsprechenden Grundlage für die Fachplaner durch den Objektplaner, auf der die Fachplaner ihre Planung aufbauen können
2. Versand an die Fachplaner
3. Bearbeitung durch die Fachplaner
4. Rücksendung durch die Fachplaner
5. Einarbeitung durch den Objektplaner und Abgleich mit den Planungsergebnissen der übrigen Beteiligten
6. Gegenseitige Abstimmungen der Fachplanungen und erneute Überarbeitung (falls notwendig)

Nach Rücklauf der Fachbeiträge sollte ein Zeitpuffer eingeplant werden, um Widersprüche der Fachplanung zur Objektplanung oder anderen Fachplanungen klären zu können. > Abb. 23

> ■ **Tipp:** Typische Informationswechsel zwischen Architekt, Tragwerksplaner und Haustechnik sind für verschiedene Projektphasen im Anhang dargestellt. Diese sind jedoch im Detail bei jedem Projekt verschieden und abhängig von der Funktion, der Gestalt und den Beteiligten.

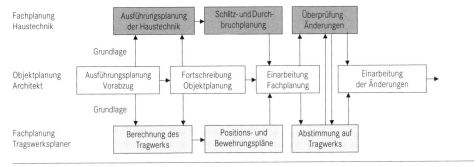

Abb. 23: Koordination der Ausführungsplanung für Architektur, Tragwerksplanung und Haustechnik

Die Einbindung weiterer Beteiligter ist in der Regel einfacher, da diese mit den oben genannten Planern nicht mehr so intensiv vernetzt sind. Oft ist es ausreichend, lediglich einen Bearbeitungszeitraum des Fachplaners für bestimmte Planungsergebnisse mit in die Terminplanung aufzunehmen. Hierdurch wird klargestellt, wann Arbeitsgrundlagen für den jeweiligen Beteiligten bereitgestellt werden müssen und wann seine Ergebnisse wieder in den Planungsprozess einfließen werden.

Einbindung weiterer Beteiligter

Das wichtigste Ergebnis bei der Terminplanung der Planung sind Meilensteine, > Kap. Aufstellung eines Terminplans, Elemente eines Terminplans die den einzelnen Beteiligten (Auftraggeberseite, Planer und Sachverständige) als Grundlage ihrer jeweiligen Tätigkeiten kommuniziert werden. Einerseits disziplinieren festgelegte und abgestimmte Termine alle Seiten zu termingerechtem Handeln, andererseits lassen sich Verzögerungen im Planungsprozess vermeiden, die von zu spät eingeschalteten Beteiligten herrühren.

Planungsmeilensteine

KOORDINATION DER AUSFÜHRUNGSVORBEREITUNG

Gerade die Vorbereitung der Vergabe muss bei der Terminplanung von Planungsterminen besonders sorgfältig bedacht werden. Die Ausführungsvorbereitung ist ein zeitaufwendiger Prozess, der leicht mehrere Monate in Anspruch nehmen kann. Ist bekannt, wann ein Bauunternehmen die Arbeiten auf der Baustelle beginnen muss, lassen sich die Schritte der Ausführungsvorbereitung daraus zurückrechnen. > Kap. Aufstellung eines Terminplans, Ablaufplanung der Vorgänge Bei öffentlichen Auftraggebern sorgen die gesetzlich vorgesehenen Fristen dafür, dass sich terminliche Verzögerungen in der Planung nur bedingt auffangen lassen und direkte Auswirkung auf den Baubeginn haben.

Da in vielen Fällen nicht nur ein ausführendes Bauunternehmen beauftragt wird, sondern die gesamte Bauleistung auf verschiedene

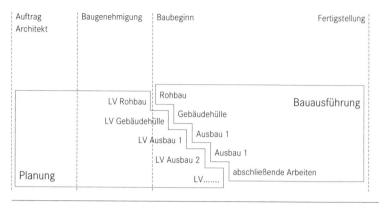

Abb. 24: Verzahnung von Planung und Bauausführung

Gewerke aufgeteilt wird, ergeben sich hieraus unterschiedliche Fristen für die Ausführungsvorbereitung. So ist es sinnvoll, die jeweiligen Schritte der Ausführungsvorbereitung terminlich zu organisieren, um alle Vorarbeiten wie das Herbeiführen von Bauherrenentscheidungen, die Ausführungsplanung, die Ausschreibung und Vergabevorläufe wie Veröffentlichungen rechtzeitig für jedes Gewerk in die Wege leiten zu können.

Aus den Abhängigkeiten, die sich aus dem Bauablauf ergeben, entwickeln sich auch Vorgaben für die Planung.

Baubegleitende Planung   Viele grobe Terminpläne stellen die Planungs- und die Bauphase ohne Überschneidung dar, in der Realität laufen Ausführungsplanung und Bauausführung in großen Teilen jedoch parallel. Dies beruht auf der Tatsache, dass einerseits die Terminvorgaben bei vielen Projekten sehr eng sind und andererseits die Planung zu Baubeginn nicht komplett fertiggestellt sein muss. Es ist zwar wichtig, dass für beginnende Bauarbeiten die Unterlagen mit entsprechendem Vorlauf bereitliegen, viele Arbeiten (wie Malerarbeiten oder Bodenbeläge) starten jedoch eher im fortgeschrittenen Bauprozess, sodass entsprechende Planunterlagen und Vertragsgrundlagen entsprechend später fertiggestellt werden können. Man spricht dabei von baubegleitender Planung. > Abb. 24

Eine baubegleitende Planung birgt immer die Gefahr, dass Planungsinhalte, die erst im späteren Prozess entwickelt werden, wiederum Einflüsse auf bereits vergebene Bauleistungen haben. Viele Bauelemente haben Schnittstellen in statischer, haustechnischer, baukonstruktiver
● oder ästhetischer Hinsicht zu anderen Bauteilen.

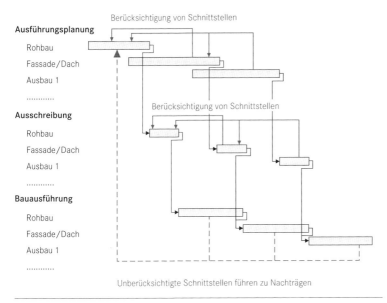

Abb. 25: Berücksichtigung von Schnittstellen bei der baubegleitenden Planung

Da einzelne Bauteile wie Fenster, Türen oder Trockenbauarbeiten zunehmend mit anderen Gewerken vernetzt sind, muss die eigene Planung so weit fortgeschritten sein, dass im Bauprozess keine nachträglichen Modifikationen durch noch nicht festgelegte Bereiche entstehen. > Abb. 25

VORBEREITUNG DES BAUPROZESSES

Im Bauprozess muss der Objektplaner bzw. Bauleiter alle ausführenden Bauunternehmen, die einen separaten Vertrag mit dem Bauherrn haben, untereinander so koordinieren, dass die Arbeiten ineinandergreifend und störungsfrei ablaufen können. Dabei liegt ein Hauptaugenmerk

● **Beispiel:** Bei der Planung des Rohbaus sind spätere Einflüsse wie Fassadenanschlusspunkte, Aufbauhöhen der Decken- und Treppenaufbauten oder Oberflächenbehandlungen und -anforderungen von Betonwänden zu berücksichtigen. Auch ist sehr frühzeitig die Entwässerung unterhalb der Bodenplatte zu klären.

Abb. 26: Händischer Rückbau bei Bestandsprojekten

Abb. 27: Maschineller Komplettabbruch von Bestandsgebäuden

auf den Schnittstellen zwischen einzelnen Arbeiten und Gewerken. Im Folgenden sind typische Schnittstellen beispielhaft beschrieben, die jedoch je nach Bauprojekt stark voneinander abweichen können.

Vor Errichtung des Rohbaus sind einige Vorarbeiten zur Vorbereitung der Baustelle zu berücksichtigen. Zunächst muss das Grundstück in einen baureifen Zustand gebracht werden. Dazu muss möglicherweise Bewuchs entfernt und der Untergrund befestigt werden, vorhandene Leitungen und Kanäle sind zu sichern und vorhandene Konstruktionen (Mauern, Zäune usw.) abzubrechen.

Baustelleneinrichtung   Zu den vorbereitenden Maßnahmen zählt die Baustelleneinrichtung. Hierbei werden die für die Überwachung notwendigen Baucontainer aufgestellt, Bauwasser- und Baustromanschlüsse eingerichtet, und die Baustelle wird durch Bauzäune gegen unbefugtes Betreten gesichert. Darüber hinaus können weitere Arbeiten zur Erschließung (z. B. Zufahrtswege) und Absicherung (z. B. Sicht- und Lärmschutz) der Baustelle notwendig werden.

Abbruch- oder Rückbaumaßnahmen   Bei Neubauten sind die vorbereitenden Maßnahmen oft in wenigen Tagen oder Wochen durchgeführt, bei Projekten im Bestand sind aufgrund umfangreicher Abbruch- oder Rückbaumaßnahmen deutlich längere Zeiten zu berücksichtigen. Dabei lassen sich die Vorgangsdauern im Rückbau durch viele Unwägbarkeiten oft nur sehr schlecht abschätzen. Die Wahl des Abbruchverfahrens hat entscheidenden Einfluss auf die Vorgangsdauern, da sich etwa der maschinelle Abbruch mit Großgeräten nicht mit dem händischen Abbruch mit Kleingeräten vergleichen lässt. > Abb. 26 und 27 Auch sind mögliche Entsorgungswege innerhalb des Ge-

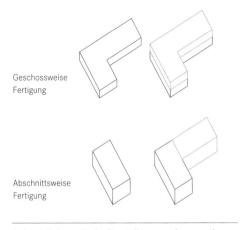

Geschossweise
Fertigung

Abschnittsweise
Fertigung

**Abb. 28: Schematische Darstellung geschoss- und
abschnittsweiser Erstellung von Rohbauten**

bäudes und die Wege zur Deponie zu berücksichtigen. Da Rückbaumaßnahmen den weiteren Baumaßnahmen vorangehen, wirken sich Verzögerungen dort direkt auf alle nachfolgenden Tätigkeiten aus.

ROHBAU

Der Rohbau beinhaltet verschiedene Arbeiten, die das Grundgerüst
eines Gebäudes erstellen. Hierzu gehören bei einem Massivbau:

— Erdarbeiten
— Maurerarbeiten
— Betonarbeiten
— Gerüstarbeiten
— Abdichtungsarbeiten gegen Bodenfeuchtigkeit und Grundwasser
— Separate Dachkonstruktion (sofern erforderlich)

Alternativ können je nach Konstruktionsart Stahlbau- oder Holzbauarbeiten hinzukommen. Die Organisation des Rohbaus erfolgt in der Regel durch das beauftragte Bauunternehmen selbst, für den Architekten
sind vor allem die Schnittstellen mit nachfolgenden Gewerken am Ende
der Rohbauzeit von Belang.

Die Vorgangsabfolge im Rohbau ist meist sehr strukturiert und leicht
nachvollziehbar: Nach den Fundamenten und Grundleitungen werden
die Geschosse sukzessive gebaut. Sind jedoch größere Grundflächen zu
erstellen, können die Rohbauarbeiten zusätzlich zum geschossweisen
Aufbau in vertikale Abschnitte unterteilt werden. > Abb. 28

Abb. 29: Aufstellen einer Betonwand in Fertigbauweise   Abb. 30: Herstellung der Bodenplatte und der Ortbeton-
stützen

Vorproduktion im Rohbau   Besteht das Gebäude aus anderen Konstruktionen wie Betonfertig-
teilen, Stahl- oder Holzkonstruktionen, werden die Konstruktionsele-
mente in der Regel außerhalb der Baustelle vorgefertigt, montagefertig
angeliefert und in kurzer Zeit auf der Baustelle errichtet. > Abb. 29 und Kap.
Aufstellung eines Terminplans, Ablaufplanung der Vorgänge Dies gilt neben den eigentlichen Geschossen in der Regel auch für Dachkonstruktionen aus Holz
oder Stahl, die gegebenenfalls separat vom eigentlichen Rohbau vergeben und in der Terminplanung berücksichtigt werden müssen.

GEBÄUDEHÜLLE

Hülle dicht   Im direkten Anschluss an die Rohbauarbeiten einschließlich der
Dachkonstruktion oder die Fertigstellung einzelner Bauabschnitte des
Rohbaus muss das Gebäude gegenüber der Außenwelt abgegrenzt werden. Das Schließen der Gebäudehülle ist eine Grundvoraussetzung für
fast alle weiteren Ausbauarbeiten, daher sollte der Zeitpunkt „Hülle dicht"
möglichst kurz nach Fertigstellung des Rohbaus erreicht werden. Funk-
tionale Anforderungen dabei sind:

— Regendichtigkeit (Schutz der Ausbauteile, Trocknung des Rohbaus)
— Winddichtigkeit (vor allem im Winter, um Wärme im Gebäude
  zu halten)
— Verschließbarkeit (Schutz vor Diebstahl von Ausbauteilen)
— Beheizbarkeit (nur in den Wintermonaten notwendig)

Fenster und Türen   Die wichtigste Voraussetzung für den Meilenstein „Hülle dicht" ist
das Abdichten von Öffnungen und Dächern. Fenster und Türen werden
eingebaut oder zunächst mit temporären Notabdichtungen (Bautüren)
verschlossen. Die Dämmung und die Außenhaut der geschlossenen

Abb. 31: Montage von Fensterbändern **Abb. 32: Montage im Attikabereich**

Außenwand können je nach Konstruktionsart auch im Anschluss an den Meilenstein „Hülle dicht" ausgeführt werden. Bei zusätzlichen dicken Wandaufbauten kann es erforderlich sein, dass das Gerüst umgesetzt oder verkürzt werden muss.

Bei Steildächern muss die Dachabdeckung und bei Flachdächern die Dachabdichtung vollständig ausgeführt sein, um die Gebäudehülle zu schließen. Dazu gehören auch Lichtdächer oder -kuppeln sowie alle Klempner- und Dachentwässerungsarbeiten. Bei innenliegenden Entwässerungen eines Flachdaches muss zudem sichergestellt sein, dass anfallendes Wasser bei geschlossener Hülle aus dem Gebäude geführt wird. Dachabdichtung und Entwässerung

Im Zusammenhang mit Fassaden- und Dacharbeiten sind vor dem Abrüsten auch die Blitzschutzarbeiten durchzuführen, und der Blitzschutz muss an die Erdung angeschlossen werden. Blitzschutz

INNENAUSBAU

Der Koordinierungsaufwand im Bereich des Innenausbaus ist der aufwendigste Abschnitt der Bauüberwachung. Da die Vorgänge in hohem Maße miteinander verknüpft sind und die gleichzeitig ablaufenden Arbeiten auf der Baustelle oft nicht wie in den Bereichen Rohbau und Gebäudehülle von einer oder einigen wenigen Firmen ausgeführt werden, ist hier der Terminplaner in der Verantwortung.

Für die meisten Unternehmen ist aufgrund der Komplexität der eigenen Arbeiten eine Abstimmung mit den Aufgaben anderer Unternehmen nicht möglich, sodass ein Terminplan gegenseitige Abhängigkeiten im Detail darstellen muss. Die Arbeiten des Innenausbaus beispielsweise sind sehr vielschichtig vernetzt und je nach Projekt individuell zusammenzustellen. Fügungen und Aufbauten in den Details sind für die Abfolge ganzer Gewerke oft maßgeblich.

Putzarbeiten werden in der Regel relativ bald nach Schließung der Gebäudehülle durchgeführt. Da zumeist die Installationen nicht sichtbar unter Putz gelegt werden sollen, müssen diese vor Beginn der Putzarbeiten abgeschlossen sein. Dabei werden spezielle Elektroinstallationen wie beispielsweise Antriebe für Türen, Brandschutzeinrichtungen oder Sicherheitsbeleuchtungen leicht übersehen. Im Industriebau werden Leitungen in der Regel sichtbar verlegt, sodass die Putzarbeiten vor der Haustechnik ausgeführt werden.

Eine typische Schnittstelle sind Türzargen, denn es hängt von der Art der Zarge ab, ob diese vor oder nach den Putzarbeiten eingebaut werden. Stahleckzargen z. B. sollten vor den Putzarbeiten montiert werden, weil das nachträgliche Einputzen von Zargen und Leibungen meist zusätzliche Kosten verursacht. Zweiteilige Umfassungszargen können erst spät im Bauprozess eingebaut werden, um sie vor Beschädigung zu bewahren. Schnittstellen, die gegenseitige Abfolgen erzeugen können, gibt es je nach Detailkonstruktion bei allen berührenden Bauteilen wie Fenstern, Fensterbänken, Anschlüssen von Treppen oder Treppengeländern. > Abb. 33 und 37, Seite 54

Je nach Putzart und -stärke muss eine ausreichende Trocknungsdauer berücksichtigt werden, bevor die Oberflächen weiter bearbeitet werden (z. B. durch Malerarbeiten).

Auch ist es hilfreich, einen Vorgang Nachputzarbeiten in den Terminplan aufzunehmen, damit zu einem späteren Zeitpunkt durch andere Arbeiten beschädigte Flächen noch einmal überarbeitet werden können.

Wird ein Estrich eingebaut, so ist dies in der Terminplanung meist ein besonderer Vorgang, da während der Einbau- und Aushärtungszeit kein anderes Gewerk die Räume betreten und benutzen kann. Daher müssen zusätzlich zum Vorgang des Einbaus je nach Estrichart Aushärtungszeiten aufgenommen werden. So ist ein Zementestrich mit Aushärtungszeiten von drei bis zehn Tagen (je nach Zuschlägen, Witterung und Estrichdicke) in der Regel spürbar preisgünstiger als z. B. ein Gussasphaltestrich, der jedoch nach meist zwei Tagen wieder voll begehbar ist.

Ein weiterer Aspekt neben der Aushärtung und damit der Begehbarkeit ist die Trocknungsdauer des Estrichs. Erst wenn der Estrich ausreichend getrocknet und der Feuchtegehalt niedrig genug ist, kann der spätere Bodenbelag aufgebracht werden. Die Trocknungsdauer hängt hauptsächlich von der Art und Dicke des Estrichs und den Umgebungsbedingungen wie Temperatur und Luftfeuchtigkeit ab. Oft wird der Bodenbelag jedoch relativ spät im Bauprozess eingebaut, sodass sich hieraus keine Probleme ergeben. Bei engen Terminplänen können Zusatzstoffe in den Estrich eingemischt oder entsprechende Trocknungsgeräte eingesetzt werden, die die Trocknungsdauer reduzieren, jedoch zusätzliche Kosten produzieren.

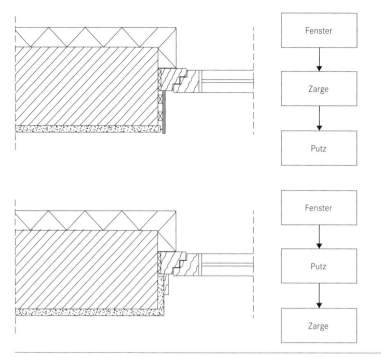

Abb. 33: Typische Putzanschlüsse bei Fenstern

Bei der Planung der Estricharbeiten sind Installationen wie Fuß-bodenheizung, Heizungsverteilung, Bodentanks oder Elektrokanäle zu berücksichtigen, sollten sie unterhalb des Estrichs verlegt werden.

Aufgrund der Absperrung von Bauabschnitten mit frischem Estrich ist der sonst vielfach vernetzte Bauablauf auf Systemengpässe, Laufwege (auch Fluchtwege), Transportwege für Material und kreuzende Installationsbereiche (wie z. B. Elektrotrassen) zu prüfen.

Die Abfolge von Trockenbauwänden und Estrich wiederum bestimmt sich aus den Anforderungen an möglichst hohen Schallschutz (Befestigung auf dem Rohfußboden) oder möglichst hoher Flexibilität (Befestigung auf dem Estrich). Werden Wände und Decken eines Gebäudes in großen Teilen in Trockenbauweise erstellt, ist die Koordination dieser Arbeiten mit vielen anderen Gewerken eine der wichtigsten Aufgaben.

Trockenbauwände werden aufgrund dieser Abhängigkeiten meist in zwei Arbeitsschritten erstellt. Zunächst wird die Unterkonstruktion

Trockenbau

Abb. 34: Installationen vor Montage eines
aufgeständerten Estrichs

Abb. 35: Grobinstallationen vor Schließen einer
abgehängten Decke

aufgestellt und einseitig geschlossen. Im Anschluss werden alle Installationsarbeiten der Haustechnik (Elektro, Sanitär, Heizung, Lüftung) durchgeführt. Erst dann schließt das Trockenbau-Unternehmen die zweite Seite der Wand.

Auch bei abgehängten Decken gibt es eine starke Verzahnung der Installations- und Trockenbauarbeiten. Alle Grobinstallationen müssen vor der Deckenmontage ausgeführt sein, wobei eventuelle geometrische Abhängigkeiten zwischen Installation, Abhängung und Rasterung der Decke zu beachten sind. > Abb. 35

Einige Installationen erfordern zudem ein Anarbeiten des Trockenbaus an haustechnische Elemente (z. B. Einbauleuchten, Revisionsklappen, Brandmeldeklappen). > Abb. 36

Türen und
Systemtrennwände

Zargen werden bei Trockenbauwänden oft mit der Wandaufstellung montiert, da diese mit den seitlichen Profilen verschraubt und justiert werden. Bei massiven Wänden wird die Zarge in der Regel vor oder nach dem Putz als Eck-, Block- oder zweiteilige Umfassungszarge eingesetzt. > Abb. 37, Seite 54

Neben der Einbausituation von Türen (Rohbau, Trockenbau) hat auch die Art der Zarge bzw. Türanlage starken Einfluss auf den Montagezeitpunkt. Bei normalen Türen werden die Zargen je nach Situation vor oder nach dem Putz bzw. während des Trockenbaus eingebaut, die Türblätter jedoch möglichst spät eingesetzt, um Beschädigungen zu vermeiden. Metallrahmentüren und Systemelemente sowie standardisierte Stahltüren und -klappen werden oft als fertiges Einbauteil inklusive Rahmen und Türblatt geliefert und eingebaut.

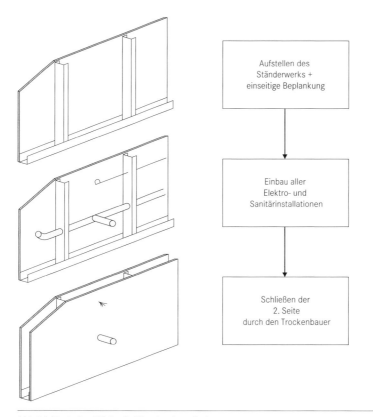

Abb. 36: Typische Abfolge bei Trockenbauwänden

Oft sind bei Türen Details entscheidend für den richtigen Einbauzeitraum:

— Zargenausführung mit oder ohne Bodeneinstand
   (Abhängigkeit Estrich)
— Türanlagen mit oder ohne umlaufenden Rahmen
   (Abhängigkeit Estrich)
— Zargengeometrie: Umfassen des Putzes oder Anputzen
   der Zarge (Abhängigkeit Putz) > Abb. 37
— Zulassungsbedingung Einputzen von Brandschutztüren
   (Abhängigkeit Putz)
— Elektrisch unterstützte Türen mit Zugangskontrollen, Fluchtwege-
   funktionen, Behindertengerechtigkeit, automatischen Türöffnern
   (Abhängigkeit Elektro- und Brandmeldeinstallationen)

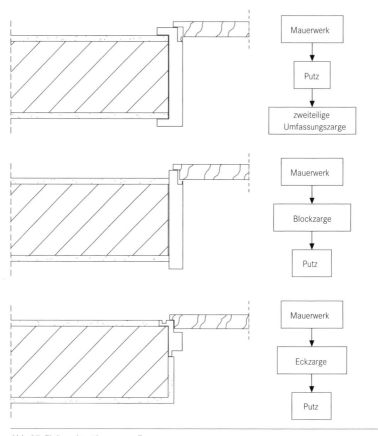

Abb. 37: Einbausituationen von Zargen

Grundsätzlich sollten empfindliche Einbauteile jedoch so spät wie möglich vorgesehen werden, um Beschädigungen an den meist endbeschichteten Oberflächen zu vermeiden.

Je nach Art der Tür sind zudem deutliche Lieferzeiten zu berücksichtigen. Standardisierte Stahltüren und Zargen sind mit kurzen Lieferfristen zu erhalten und werden als Komplettelement eingebaut. Sonderkonstruktionen wie Brandschutztüren oder ganze Metallrahmen-Türanlagen werden auf Bestellung gefertigt und können daher leicht Fertigungszeiten von sechs bis acht Wochen überschreiten.

Fliesen, Werkstein-und Bodenbelagsarbeiten Eine grundlegende Voraussetzung für den Einbau von Fliesen- und Werksteinbelägen ist die Fertigstellung des Untergrundes. Hierbei muss

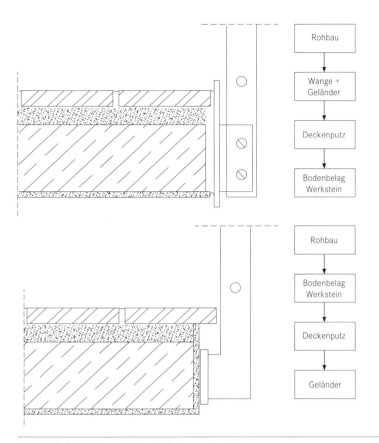

Abb. 38: Typische Putzanschlüsse im Brüstungsbereich

jedoch zwischen dem Einbau im Dünnbett auf ebenem Untergrund und dem Einbau im Dickbett auf Rohbau-Untergrund differenziert werden.

Als Voraussetzung für alle Beläge und Beschichtungen können verschiedene Untergründe wie Estriche, Rohbauflächen, Abklebungen, Putz, Trockenbau usw. dienen. Bei Treppen hängt die Montageabfolge des Belags zudem mit der Befestigungsart des Treppengeländers, einer eventuell vorgesehenen Wange und gegebenenfalls vorhandenen Arbeitsgerüsten im Treppenauge ab. > Abb. 38

Anarbeitungen etwa im Bereich von Türen und Bodenbelagswechseln müssen in ihrer Abfolge geklärt und bereits in der Ausschreibung mit notwendigen Winkeln und Andichtungen berücksichtigt werden.

In vielen Bereichen, vor allem in Sanitär- und Küchenbereichen, sind Abhängigkeiten mit haustechnischen Einbauteilen zu beachten:

— Sanitärinstallationen: Grobinstallationen wie WC-Kerne, Bodenauslässe, Abläufe, Wasseranschlüsse, Revisionsöffnungen
— Heizungsinstallationen: Heizungsrohre, Heizkörper
— Elektroinstallationen: Installationen Schalter, Bodendosen usw.

Oft werden auch Sonderflächen wie Böden in Aufzugskabinen oder Fliesenspiegel in Teeküchen vergessen.

Alle späteren Bodenoberflächen sollten möglichst in einer Reihenfolge abnehmender Gefährdung von Beschädigungen terminiert werden. Gerade Teppich-, Kunststoff- und Linoleumböden sollten so spät wie möglich eingebaut werden, da diese im Vergleich zu Parkett-, Werkstein- und Fliesenflächen schnell verlegt und anfällig für Verunreinigungen und Beschädigungen sind. Oft gehören diese Böden zu den letzten Arbeiten eines Bauprozesses.

Maler- und Tapezierarbeiten

Die Maler- und Tapezierarbeiten erfolgen auf ebenem und ausreichend trockenem Untergrund, weshalb bei mineralischen Untergründen wie Putz ausreichend Trocknungszeiten einzuplanen sind. Die Arbeiten umfassen in der Regel alle nicht durch andere Oberflächen wie Fliesen oder Systemdecken belegte Wand- und Deckenoberflächen. Daneben sind viele kleinere Arbeiten wie das Lackieren von Treppengeländern, Zargen und Stahltüren, staubbindende und ölfeste Anstriche in Aufzugsschächten vor der Montage des Aufzugs oder Brand- und Rostschutzanstriche an Stahlkonstruktionen zu berücksichtigen. Ähnlich wie bei den Putzarbeiten sollten auch hier Nacharbeiten in den Terminplan aufgenommen werden.

● **Beispiel:** Ein typisches Schnittstellenproblem sind Heizkörper. Die Heizkörper sind notwendig, um im Winter die Baustelle beheizen zu können, ohne die etwa die Trocknung des Untergrundes und die Malerarbeiten nicht möglich wären. Sie müssen in manchen Fällen jedoch noch einmal abgehängt werden, um die dahinterliegende Wandfläche streichen zu können.

HAUSTECHNIK

Zur Haustechnik gehören alle Installationsarbeiten wie Heizung, Zu- und Abwasser, Sanitäreinheiten, Lüftungsanlagen, Elektroarbeiten, Datentechnik, Brandschutzanlagen, Aufzüge und weitere objektspezifische Installationen. Die Koordination der Haustechnik untereinander und die Verknüpfung mit dem Innenausbau wird in der Regel in Abstimmung zwischen Objekt- und Haustechnikplaner vorgenommen. Hierbei ist es für den Objektplaner wichtig, Schnittstellen der haustechnischen Gewerke zu erkennen und in den eigenen Ablauf zu integrieren. > Abb. 39

Die Heizungsinstallation umfasst verschiedene Bauelemente, deren Montagereihenfolge durch unterschiedliche Systeme und Verteilungsnetze projektbezogen festgelegt werden muss. Typische Elemente sind: Heizungsinstallationen

— Energiezuführung (Gasleitung, Solarkollektoren, Ölleitung usw.)
— Rohstofflagerung (Warmwasser- oder Öltanks, sofern vorgesehen)
— Heizzentrale und Wärmeerzeugung
— Grob- und Unterverteilung im Gebäude (Schachtinstallationen)
— Feinverteilung pro Nutzungseinheit (Heizkörperanschluss)
— Heizkörpermontage

Grundsätzlich ist das System mit den jeweiligen Innenausbauelementen und deren Oberflächen abzustimmen. Soll die Heizung in den Wintermonaten als Baubeheizung zur Verfügung stehen, sind Teile der Heizung vorab zu montieren und Heizkörper zur Fertigstellung der Oberflächen (Putz- und Malerarbeiten) vorübergehend nochmals zu demontieren.

Da die Verteilung im Haus auch bei der Sanitärinstallation geschlossene und teilweise druckgeprüfte Kreisläufe und Stränge erfordert, sind Sanitärinstallationen

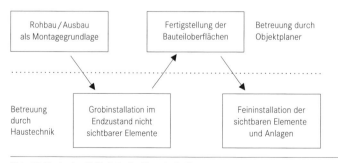

Abb. 39: Typische Abläufe in der Haustechnik

hierbei ähnliche Abläufe zu finden wie bei der Heizung. Neben dem Hausanschluss durch den örtlichen Versorger müssen bei der Grobinstallation der Trinkwasserversorgung die Verteilung im Haus über Hauptverteiler, Steigestränge in Installationsschächten oder Wandschlitzen und die Anschlüsse der einzelnen Verbraucher in Bädern, Küchen und ähnlichen Räumen berücksichtig werden. Analog sind die Wege für die Abwasserentsorgung zu planen.

Nach der Grobinstallation erfolgt die Feininstallation von Sanitärgegenständen (Waschbecken, Toiletten, Armaturen usw.) oft erst sehr spät nach den Fliesen- und Malerarbeiten, > Abb. 41 um Diebstahl oder Beschädigungen zu vermeiden. Elemente wie Wannen oder Duschtassen, die außenseitig mit Fliesen versehen werden, sind entsprechend vor den Fliesenarbeiten auszuführen.

Typische Schnittstellen mit Abstimmungsbedarf sind:

— Leitungen unterhalb der Bodenplatte (oft durch Rohbau ausgeführt)
— Wand- und Deckendurchbrüche (nach Installation ggf. durch Rohbauer zu verschließen)
— Lüftungsleitungen über Dach (Anschluss von Abwasserleitungen an Lüfterhauben in der Dachebene)
— Hauseinführung und Kanalanschluss (Abstimmung mit öffentlichen Versorgern notwendig)
— Einbau von Hebeanlagen unterhalb der Rückstauebene
— Warmwasserbereitung (zentral mit paralleler Leitungsführung oder dezentral am Verbraucher)

Elektroinstallationen   Auch die Elektroinstallationen unterteilen sich in Grob- und Feininstallation. Grundsätzlich lässt sich die Grobinstallation über die Montageart auf oder unter Putz terminieren. Werden Leitungen nicht sichtbar (unter Putz) verlegt (z. B. im Wohnungsbau), so ist die gesamte Hausverteilung zwischen Rohbau und Putzarbeiten einzuplanen. Die oft im Industriebau anzutreffende Sichtmontage (auf Putz) erfolgt in der

○ **Hinweis:** Weitere Informationen zu den einzelnen Komponenten der Trinkwasserversorgung und Abwasserentsorgung finden sich in *Basics Wasserkreislauf im Gebäude* von Doris Haas-Arndt, erschienen im Birkhäuser Verlag, Basel 2015.

Abb. 40: Trink- und Abwasserinstallationen eines
WC-Kerns mit Hohlboden

Abb. 41: Fliesenoberfläche fertig zur Feininstallation
der Sanitärobjekte

Regel erst nach Fertigstellung der Oberflächen. Einen Sonderfall stellen Sichtbetonwände dar, in denen während der Bewehrungsarbeiten bereits Leerrohre für spätere Elektroinstallationen eingelegt werden müssen. > Abb. 42 Typische Vorgänge sind:

— Hausanschluss und Sicherung (Abstimmung mit
  Elektrizitätsversorgern)
— Erdungsanschluss (Abstimmung mit Rohbau)
— Batterie- und Trafoinstallationen (wenn erforderlich)
— Verteilung im Haus und Unterverteilung einzelner Einheiten
— Feininstallation von Leuchten, Steckern, Schaltern usw.

Aufgrund der zunehmenden Vernetzung von konstruktiven Bauteilen mit elektrischen Systemen wird die Einbindung der Elektroarbeiten in einem Terminplan immer komplexer. Um Nachinstallationen mit nachträglicher Öffnung fertiger Oberflächen zu vermeiden, müssen die im Entwurf enthaltenen Bauteile systematisch auf Schnittstellen mit der Elektrik untersucht werden. Typische Beispiele sind:

— Besondere Anschlüsse für Herd, Durchlauferhitzer,
  Heizung oder für Sonderbauteile
— Beleuchtung im Außenbereich
— Notbeleuchtung
— Brandmeldeanlagen
— Lüftungsanlagen
— RWA-Anlagen (Fenster, Dachöffnung, Entrauchung)

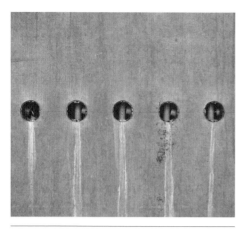 

Abb. 42: Elektroinstallationen in Sichtbetonwänden

Abb. 43: Beispiel von Elektro-Verteilungssträngen im Fußbodenbereich

— Behindertengerechte Zugänge (Schalter, automatische Obentürschließer) und Zugangskontrollen
— Bestandteile eines Alarmsystems (Außen- und Fluchttüren, Einbruchmeldung Fenster, Überwachungskameras usw.)
— Steuerung von Fassaden (elektrische Entlüftungen, Sonnen- und Blendschutz, Regen- und Windwächter, Oberlichter usw.)

Datentechnik Ein Spezialbereich der Elektroinstallationen ist die Datentechnik, die gerade in Verwaltungs- und Kommunikationsgebäuden erhebliche Installationen bedingt. Hierzu gehören alle Formen der Fernmelde- und Medientechnik wie Telefonanschlüsse, Fernsehtechnik, Computer-Netzwerke, Server-Räume usw.

Bei Verwaltungsbauten werden oft zentral oder etagenweise Server- und Verteilerräume eingerichtet, von denen über Installationsstränge flexibel jeder Arbeitsplatz zu erreichen ist. Die Abhängigkeiten mit Installationswegen in Böden, Decken und Wänden sind dabei zu berücksichtigen.

Lüftungsanlagen Erhält ein Gebäude eine Lüftungs- oder Klimaanlage, sind vielfältige Installationen für Zu- und Abluft einzuplanen. In der Regel werden Lüftungskanäle sichtbar oder nicht sichtbar in Schächten, im Bodenaufbau und im Deckenbereich verlegt, was mit den jeweiligen Konstruktionen und Oberflächen abzustimmen ist. Dabei sind vor allem kritische Punkte wie Zuführungen (Kälteleitungen, Strom, Zuluftöffnungen) und Durchdringungen von Außenhaut (Eindichten durch Dachdecker oder Fassadenbauer) oder Brandabschnitten (Einmörteln durch Rohbauer oder Brandschott durch Trockenbauer) zu berücksichtigen.

Neben den einzelnen Schnittstellen der Verteilung und der Lüftungszentrale ist für spätere Vorgänge die Feininstallation von z. B. Auslässen,

Gittern, Klappen oder Blenden in die Terminplanung aufzunehmen. In der Regel erfolgt diese Installation nach Fertigstellung der Oberflächen.

Ein wichtiger Aspekt bei der Planung größerer Lüftungs- oder Klimaanlagen ist die Berücksichtigung einer Vorlaufzeit für die Vorproduktion. Neben einigen standardisierten Kanalquerschnitten müssen Kanäle, Übergänge und Anlagen meist vor Ort im Rohbau aufgemessen und in einer eigenständigen Werkplanung dargestellt werden. Erst nach Freigabe der Planung werden die Bauteile produziert, was einen Zeitraum von mehreren Wochen in Anspruch nehmen kann. Somit muss die Lüftung zu einem frühen Zeitpunkt an ein Fachunternehmen vergeben werden, damit die Arbeiten auf der Baustelle rechtzeitig ausgeführt werden können.

Fördertechnik wie Aufzüge oder Fahrtreppen erfordern meist vielfältige elektrische Anschlüsse. Zudem sind Schnittstellen zu Bodenbelägen (Innenbelag eines Aufzugskorbs, Anschluss der Schwellen) und Wänden (Laibung der Aufzugstür) zu beachten. Fördertechnik

Die Anschlusspunkte eines späteren Aufzugs müssen meist schon in der Rohbauerstellung des Schachtes über entsprechende Ankerschienen berücksichtigt werden, sodass der Aufzugsbauer bzw. das herstellerbezogene System möglichst frühzeitig feststehen sollte. Nach Fertigstellung des Rohbaus wird der Schacht exakt aufgemessen und eine Werkplanung für den Aufzug erstellt. Nach einer Vorproduktionsphase erfolgt die Montage oft in mehreren Schritten. Zunächst wird die Tragkonstruktion im Schacht eingebaut, dann die Fahrgastzelle montiert und schlussendlich die elektronische Steuerung installiert und mit der Elektrik verknüpft.

Bei der Terminplanung ist zudem zu bedenken, ob der Aufzug während der Ausbauphase bereits funktionstüchtig als Bauaufzug genutzt werden soll, was den Transport im Gebäude erleichtert. In der Regel ist dies jedoch nicht ratsam, da Beschädigungen an der Fahrgastzelle unvermeidbar sind, sodass die Fertigstellung des Aufzugs teilweise bewusst in eine späte Bauphase terminiert wird.

ABSCHLIESSENDE ARBEITEN

Neben den bereits genannten Rest- und Nacharbeiten der einzelnen Beteiligten (Nachstreichen, Feininstallation usw.) gibt es komplette Arbeiten, die erst gegen Ende der Baumaßnahme terminiert werden. Hierzu können gehören: Letzte Vergaben vor Fertigstellung

— Schlussreinigung nach Fertigstellung aller Arbeiten und vor Übergabe an den Nutzer
— Schließanlage (Liefern und Montieren des endgültigen Schließ- und Zugangssystems für den späteren Nutzer)
— Fertigstellung des Außenraums (Zuwegungen, Grünflächengestaltung, Parkierungsflächen, Beschilderung, Beleuchtung und sonstige Installationen im Außenraum)

Grundsätzlich ist es sinnvoll, am Ende eines Terminplans einen gewissen Zeitraum für Mängelbeseitigung und Abnahmen vorzusehen, da diese in der Regel noch einige Zeit in Anspruch nehmen und die Abnahme vor dem Einzugstermin abgeschlossen werden soll.

Zu den Abnahmen gehören neben bauvertraglichen Abnahmen auch öffentlich-rechtliche Abnahmen, bei denen die Bauaufsichtsbehörde die Ordnungsmäßigkeit der errichteten Baumaßnahme feststellt und die Nutzung des Gebäudes freigibt. Hierzu zählen auch technische Anlagen wie Brandschutzanlagen, Heizungsanlagen oder Klimaanlagen, die teilweise durch externe Sachverständige geprüft werden müssen.

Arbeiten mit einem Terminplan

Auch wenn ein Terminplan auf Grundlage der beschriebenen Vorgänge detailliert und schlüssig aufgestellt wurde, ist er kein statisches Gefüge, das einmal erstellt wird und Gültigkeit bis zur Fertigstellung besitzt. Im Bauprozess entstehen immer wieder besondere Situationen, die eine Anpassung der terminlichen Steuerung notwendig machen. Somit ist der Terminplan ein Arbeitsinstrument, das den ganzen Bauprozess begleitet.

FORTSCHREIBEN UND PFLEGEN EINES TERMINPLANS

Die Realität auf der Baustelle gestaltet sich oft anders als in der Terminplanung vorgesehen. Die Gründe für Störungen und strukturell notwendige Änderungen in der Terminplanung sind vielfältig. > Kap. Arbeiten mit einem Terminplan, Störungen im Bauprozess Terminpläne, die meist auf Papier ausgedruckt auf der Baustelle ausgehängt werden, veralten schnell, was zur Folge hat, dass dann nicht mehr aktiv mit ihnen gearbeitet wird. Eine Fortschreibung der Terminplanung ist daher notwendig. Im Idealfall wird der Terminplan nicht als notwendige Leistungspflicht des Planers gesehen, die in Intervallen immer wieder an die reale Bausituation angepasst werden sollte, sondern als tägliches Arbeitsinstrument, mit dessen Hilfe das aktuelle Baugeschehen kontrolliert, organisiert und, wo nötig, angepasst wird.

Konzeption – Realität

Daher sollte der Terminplan schon bei der Erstellung so aufgebaut sein, dass er sich sinnvoll und effektiv während des Bauprozesses fortschreiben und ergänzen lässt. Bei großen Projekten werden Terminpläne aufgrund der vielen Vorgänge und ihrer Komplexität oft unübersichtlich. In solchen Fällen sollten die einzelnen Vorgänge über eine klare Struktur von Sammelvorgängen hierarchisiert werden, > Abb. 44 um Bauabschnitte und Bauabläufe sowohl im Detail darstellen als auch für den terminlichen Gesamtüberblick ausblenden zu können.

Strukturierung des Terminplans

Auf diese Weise lässt sich der Terminplan in seiner Gesamtheit einfacher erfassen und für den jeweiligen Zweck entsprechend ausgeben. Typische Ausgabevarianten eines gesamten Terminplans sind:

Nutzungsorientierte Ausgabe

— Übersicht für Projektsteuerung und Bauherr: übergeordnete Sammelvorgänge sichtbar, alle Einzelvorgänge ausgeblendet
— Planungs- und Vergabeterminplan für das Planungsbüro: alle Einzelvorgänge der Planung und der Vergabevorlaufzeit eingeblendet, Ausführungsvorgänge ausgeblendet
— Ausführungsterminplan für die Bauleitung: alle Planungs- und Vergabevorlaufzeiten ausgeblendet, alle Gewerkevorlaufzeiten und Ausführungsvorgänge eingeblendet

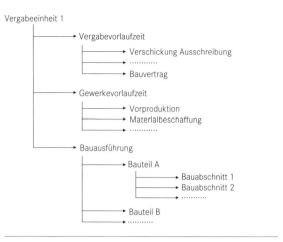

Abb. 44: Typische Hierarchieebenen eines Terminplans

— <u>Ausführungsterminpläne zur Steuerung einzelner Beteiligter</u>:
Vorgänge des Beteiligten eingeblendet, alle weiteren ausgeblendet

Indem nur die jeweils für eine Zielgruppe relevanten Vorgänge sichtbar sind, bildet der Terminplan eine klare Arbeitsgrundlage für die Beteiligten in Planung und Ausführung.

Ein wichtiges Kriterium für die Aktualität aller Ausgabevarianten ist, dass sie grundsätzlich auf einem einzigen, zusammenhängenden Terminplan beruhen. Werden verschiedene Terminpläne parallel geführt, ist es aufgrund der verschiedenen Nutzer und vielfältigen Einflüsse in der Praxis schwierig, diese untereinander zu synchronisieren. Werden Modifikationen von einer Stelle eingearbeitet und an alle Beteiligten verteilt, können diese durch die oben beschriebene Hierarchisierung den jeweils relevanten Bereich für sich nutzen.

■ Einarbeiten von Modifikationen

Ein wesentlicher Punkt zur praxisnahen Nutzbarkeit des Terminplans ist neben der Hierarchisierung die lückenlose Verknüpfung der Vorgänge untereinander. Nur wenn alle Vorgänge in einem Kontext stehen, lassen sich alle Auswirkungen einer Modifikation direkt erkennen, da sich der Terminplan automatisch aktualisiert. Dabei hat nicht jede Verzögerung oder Verschiebung auch Auswirkungen auf den Fertigstellungstermin.

Der kritische Weg

Meist gibt es nur einen durch den gesamten Terminplan laufenden Abhängigkeitsverlauf vom Projektstart bis zum Fertigstellungstermin, bei dem eine Verzögerung sofort direkte Auswirkungen auf den Fertigstellungstermin hat. Man nennt dies den <u>kritischen Weg</u>. Andere Vorgänge können über eine <u>Pufferzeit</u> verfügen, bevor sie Einfluss auf den kritischen Weg nehmen. > Abb. 45

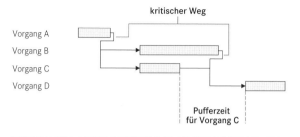

Abb. 45: Vorgänge ohne Pufferzeit auf dem kritischen Weg

Jeder Vorgang, der nicht auf dem kritischen Weg liegt, hat eine Puffer- zeit, die moderne Terminplanungsprogramme berechnen und anzeigen können. Dadurch kann der Terminplaner direkt überprüfen, wie weit er bei einer drohenden Verzögerung auf die Einhaltung der Termine bestehen muss bzw. wie viel Puffer er der ausführenden Bauunternehmung einräumen kann. ■

Pufferzeit

STÖRUNGEN IM BAUPROZESS

Die meisten Modifikationen, die in einer Terminplanung notwendig werden, basieren auf Störungen des Bauprozesses. Störungen können durch die Auftraggeberseite (Bauherr und durch ihn beauftragte Planer und Bauunternehmen), die Auftragnehmerseite oder durch Dritte verursacht werden.

■ **Tipp:** Zur besseren Lesbarkeit eines Terminplans lassen sich einzelne Vorgänge, Meilensteine, Sammelbalken oder ganze Bereiche über Farben, Balkenformate oder -schraffuren voneinander abheben. So sind z. B. einzelne Gewerke oder Bauabschnitte einfacher ablesbar. Auch ist eine automatische Beschriftung von Sammelbalken und Vorgängen meist sinnvoll.

■ **Tipp:** Die Berechnung der Pufferzeit hat noch einen anderen Vorteil: Sind Vorgänge nach hinten nicht verknüpft, so reicht die Pufferzeit bis zum Endtermin des Projektes. Der Terminplaner kann an großen Pufferzeiten leicht prüfen, wo eventuell Abhängigkeiten vergessen wurden.

Typische Beispiele für Störungen auf Auftraggeberseite sind:

— Änderungen durch den Bauherrn: nachträgliche Änderungs-
   wünsche durch den Bauherrn durch neue Nutzerspezifikationen,
   bei Objektbegehungen, durch strukturelle Änderungen der
   Planung usw.
— Fehlende Mitwirkung des Bauherrn: fehlende Freigaben,
   ausbleibende Vergütung usw.
— Fehler durch vom Bauherrn beauftragte Planer: Fehler in der
   Planung, Planung liegt nicht rechtzeitig vor, Ausschreibungen
   sind unvollständig, die Terminplanung ist nicht umsetzbar,
   unzureichende Bauüberwachung usw.
— Fehler durch vom Bauherrn beauftragte Bauunternehmen:
   Vorgewerke werden nicht rechtzeitig fertig, sodass der Auftrag-
   geber dem neu beginnenden Auftragnehmer das Baufeld nicht
   rechtzeitig zur Verfügung stellt.

Auf Seiten des Bauunternehmens können ebenfalls verschiedene Ereignisse zu Störungen führen. Im schlimmsten Fall wird das ausführende
Bauunternehmen zahlungsunfähig und muss Insolvenz anmelden. Somit
ist der Auftraggeber gezwungen, für die restlichen Arbeiten ein neues
Bauunternehmen zu finden und zu beauftragen, was in der Regel zu spür-
baren Verzögerungen im Bauprozess führt. Im Gegensatz dazu haben
Bauunternehmen mit sehr großem Auftragsvolumen oft Probleme, die
vertraglich geschuldete Leistung mit den zur Verfügung stehenden
Arbeitskräften zu erfüllen. Dadurch kommt es auf den einzelnen Baustellen zu Verzögerungen. Auch können z. B. Streiks oder Grippewellen
die zur Verfügung stehenden Kapazitäten stark reduzieren.

Darüber hinaus treten bei der Kapazitätsplanung oft Probleme auf.
Bauunternehmen planen ihre Kapazitäten in regelmäßigen Abständen
(z. B. wöchentlich) und teilen die verfügbaren Arbeitskräfte auf die aktuellen Baustellen auf. In der Regel kann die Anzahl der Arbeitskräfte für
einzelne Baustellen nicht im Tagesrhythmus variiert werden. Setzen Terminpläne eine tagesvariable Kapazitätsbereitstellung voraus, sind Störungen voraussehbar. > Abb. 46

■ **Tipp:** Um eine gleichmäßige Beschäftigung der
Unternehmen zu gewährleisten, werden Vorgänge nicht
nur zu anderen Leistungsbereichen, sondern auch
innerhalb eines Gewerkes untereinander verknüpft. So
können mehrere Kolonnen vorgeplant werden, die die
einzelnen Teilleistungen hintereinander bearbeiten.

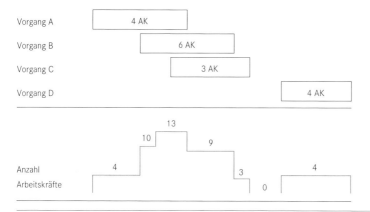

Abb. 46: Terminplanung mit stark schwankendem Arbeitskräfteeinsatz

Aus diesem Grund sollte bereits bei der Terminplanung der Einsatz der Kapazitäten eines Gewerkes möglichst gleichmäßig angesetzt werden, um späteren Problemen vorzubeugen.

Neben Bauherr und Bauunternehmen können auch Dritte, die nicht in einem Vertragsverhältnis stehen, Störungen verursachen. Die Bandbreite reicht dabei von Einschränkungen und Auflagen durch Behörden, Streiks und Diebstahl von Eigentum des Auftraggebers oder des Auftragnehmers bis hin zu höherer Gewalt. Haben die Störungen Dritter Einfluss auf den Auftraggeber, so hat das Bauunternehmen Anspruch auf entsprechende Bauzeitverlängerung. Berührt der Einfluss Dritter die Risikosphäre des Bauunternehmens, muss es seine Leistung trotzdem rechtzeitig erbringen. Bei höherer Gewalt wie Sturmschäden, Überschwemmungen usw. wird dem Bauunternehmen in der Regel eine Verlängerung zugestanden. > Tab. 2

Ungünstige Wetterbedingungen z. B. in den Wintermonaten sorgen selbst bei großen Projekten oft für Verzögerungen im Terminplan. Der Leistungsabfall in den Wintermonaten oder auch in der Urlaubszeit kann zwar generell durch größere Pufferzeiten und längere Vorgangsdauern simuliert werden, eine exakte Prognose der winterlichen Bedingungen ist jedoch nur bedingt möglich. Je nach Breitengrad der Baustelle können Frost und andere widrige Bedingungen die Baustelle über längere Zeit zum Stillstand zwingen. Eine rechtzeitige Inbetriebnahme der Heizung bzw. eine Baubeheizung kann für Abhilfe sorgen. Jedoch sollte beachtet werden, dass viele Transportbaustoffe wie Transportbeton, Gussasphalt oder aufbringfertige Putze trotz ausreichender Innentemperaturen im

■
Störungen durch Dritte

Witterungseinflüsse

Tab. 2: Vertragsfolgen von Störungen im Bauprozess

Einfluss des Bauherrn (AG)	Einfluss des Bauunternehmens (AN)	Beispiel der Einflussnahme	Anspruch des AN auf Bauzeitverlängerung	Anspruch des AN auf zusätzliche Vergütung
direkt	nein	Anordnung des AG, z. B. Baustopp aufgrund fehlender Geldmittel, Änderung der Ausführung	ja	ja
indirekt	nein	Mangelnde Mitwirkung des AG, z. B. nicht rechtzeitig erteilte Freigaben	ja	ja
indirekt	nein	Einfluss Dritter auf AG, z. B. Verzögerungen durch Vorgewerke, damit ist Baufeld nicht frei	ja	ja
nein	nein	Höhere Gewalt, z. B. Unwetter, Krieg, Umweltkatastrophen	ja	nein
nein	indirekt	Innerbetriebliche Störung des AN, z. B. Grippewelle oder Streik	nein	nein
nein	indirekt	Einfluss Dritter auf AN, z. B. Diebstahl von Geräten	nein	nein
nein	direkt	Leistungsverweigerung, z. B. zu wenig Personal vor Ort	nein	nein

Gebäude aufgrund der Temperaturen im Außenbereich nicht eingesetzt werden können.

Störungsarten Grundsätzlich lassen sich die Störungen für den Terminplan in drei Kategorien einteilen: > Abb. 47

– Leistungsverschiebung: Ein Vorgang beginnt erst zu einem späteren Zeitpunkt, wird dann aber in der vorgegebenen Vorgangsdauer erarbeitet.
– Ausführungszeitverlängerung: Ein Vorgang benötigt eine längere Vorgangsdauer als vorgesehen.
– Strukturänderung des Bauablaufs: Der Bauablauf bzw. die Abhängigkeiten der Vorgänge untereinander werden in anderer Reihenfolge erarbeitet als vorgesehen.

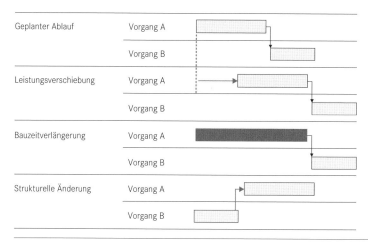

Geplanter Ablauf	Vorgang A	
Geplanter Ablauf	Vorgang B	
Leistungsverschiebung	Vorgang A	
Leistungsverschiebung	Vorgang B	
Bauzeitverlängerung	Vorgang A	
Bauzeitverlängerung	Vorgang B	
Strukturelle Änderung	Vorgang A	
Strukturelle Änderung	Vorgang B	

Abb. 47: Störungsarten in der Terminplanung

AUFFANGEN VON STÖRUNGEN

Treten Störungen auf, die aufgrund struktureller Änderungen oder der Bedrohung des Fertigstellungstermins auf dem kritischen Weg ein Eingreifen erfordern, müssen diese möglichst innerhalb der gegebenen Bauzeit aufgefangen werden. Hierzu gibt es z. B. folgende Möglichkeiten:

— Prüfung notwendiger Abhängigkeiten
— Strukturelle Änderungen im Bauprozess
— Änderungen der Ausführungsart oder -qualität
— Verkleinerung der Bauabschnitte
— Beschleunigung der Bauarbeiten

Nicht jede sinnvolle Abhängigkeit ist auch absolut zwingend. Arbeiten können auch im Nachhinein erfolgen, wenn entsprechend Rücksicht auf weitere Arbeiten genommen wird und die Anschlüsse an andere Bauteile eventuell nachgearbeitet werden.

Notwendige Abhängigkeiten

Dabei ist zunächst zu prüfen, ob die Abhängigkeit für die weiteren Arbeitsschritte zwingend ist (Putz → Maler) oder ob sich die Arbeiten in eine andere Reihenfolge bringen ließen. Möglicherweise ist es sinnvoll,

die Problemlösung gemeinsam mit den beteiligten Bauunternehmen zu
● diskutieren.

Strukturelle
Änderungen
Lassen sich Eingriffe in zwingende Abhängigkeiten aufgrund der Trag-
weite der Störung unter Einhaltung des Fertigstellungstermins nicht mehr
verhindern, müssen strukturelle Änderungen des Bauprozesses untersucht werden. Bei einigen aufeinanderfolgenden Arbeiten ist es möglich,
die konstruktive Struktur der Bauteile zu ändern. So lassen sich leichte
Trennwände auf den Rohboden oder den fertigen Estrich stellen und Elek-
troleitungen unter oder auf dem Putz verlegen. Solche Entscheidungen
sind in aller Regel jedoch nicht nur mit den Bauunternehmen abzustimmen, sondern auch mit dem Bauherrn, da die Eigenschaften oder der opti-
sche Eindruck des fertigen Bauteils oft beeinflusst werden.

Ausführungsarten und
-qualitäten
Teilweise lässt sich auch über die Änderung von Ausführungsarten
oder -qualitäten eines Bauelementes eine Terminstraffung erreichen.
So können lange Vorlaufzeiten bei einer Vorproduktion oder lange Aus-
● härtungs- und Trocknungszeiten umgangen werden.

Verkleinerung der
Bauabschnitte
Eine weitere Möglichkeit der Prozessoptimierung liegt in der Verkleinerung von Bauabschnitten. Wie oben beschrieben, > Kap. Aufstellung eines
Terminplans, Aufbau eines projektorientierten Terminplans lassen sich Ausführungs-
zeiten reduzieren, indem hintereinander ablaufende Arbeiten in kleineren Taktungen erfolgen. Stellt ein Gewerk die Arbeiten in einem Geschoss
erst fertig, wenn das nächste Gewerk dort beginnt, wird mehr Ausführungszeit benötigt als bei einer Einteilung des Geschosses in kleinere
Bauabschnitte. So können zwei oder mehrere Gewerke gleichzeitig im
Geschoss arbeiten. Im Zweifelsfall muss ein zeitverzögerndes Gewerk
aufgefordert werden, wenigstens Teile des Bauabschnittes fertigzustel-
len, um dem Nachfolgegewerk den Arbeitsbeginn in einem Teilbereich zu
ermöglichen.

● **Beispiel:** Arbeiten wie Putz, Estrich oder Werkstein-
beläge, die groben Dreck produzieren können, werden vor Arbeiten wie Teppich und Maler terminiert,
die empfindlich gegenüber Verschmutzungen sind. Ein
Treppenhaus kann aber auch später mit Werkstein be-
legt werden, wenn Bereiche mit Teppich so lange abgesperrt bleiben, bis die Werksteinarbeiten beendet sind
und das Treppenhaus gereinigt ist.

● **Beispiel:** Um bei engen Terminsituationen die Aushärtungszeit und Trocknungszeit eines Zementestrichs
und somit die Blockade für andere Arbeiten in den
betroffenen Bereichen zu umgehen, kann alternativ ein
Gussasphalt- oder Trockenestrich eingebaut werden,
der nach einem Tag benutzbar ist. Hierdurch entstehen
jedoch ggf. Mehrkosten gegenüber dem Zementestrich.

Grundsätzlich kann ein Gewerk durch den Auftraggeber aufgefordert werden, die Arbeiten zu beschleunigen. Hierbei muss je nach Verursachung der Verzögerung unterschieden werden. Hat das Gewerk die Verzögerung selbst verschuldet, muss es alle Beschleunigungsmaßnahmen inklusive Überstunden und Aufstocken der Arbeitskräfte kostenneutral durchführen, um den vereinbarten Termin zu halten. Fordert der Auftraggeber bzw. Bauleiter ein drittes, an der Störungsursache unbeteiligtes Unternehmen zu beschleunigter Ausführung auf, muss der Auftraggeber die zusätzlichen Kosten übernehmen.

Beschleunigung der Bauarbeiten

Da die beschriebenen Maßnahmen häufig mit Mehrkosten verbunden sind, sollten Entscheidungen mit dem Bauherrn zusammen getroffen werden. Letztlich liegt es in seiner Entscheidung, welche Gelder er zusätzlich aufzubringen bereit ist, um den Fertigstellungstermin zu halten.

Prävention von Mehrkosten

Oft ist es bereits beim Aufstellen eines Terminplans sinnvoll, ein gewisses Maß an Verzögerungszeiten zu integrieren. Fast immer treten Probleme auf, die aufgefangen werden müssen – unzureichende Vorarbeiten, Verzögerungen bei Lieferanten, Diebstahl von Material usw. So sind terminliche Puffer in einem Terminplan ein wichtiger Bestandteil zur Einhaltung von Fertigstellungsterminen. Ist bereits bei Aufstellung des Terminplans unter Berücksichtigung des gewünschten Fertigstellungstermins kein Puffer mehr vorhanden, so ist die Einhaltung des Termins in der Regel unrealistisch.

Darüber hinaus sollte frühzeitig überlegt werden, zu welchem Zeitpunkt noch ohne Vertragsbruch und entstehende Mehrkosten zwischen verschiedenen Ausführungsvarianten gewählt werden kann (z. B. Ortbeton oder Fertigteillösung, Putz oder Gipskarton, Zementestrich oder Trockenestrich, Türen mit Anputz- oder Umfassungszargen). Die terminliche Situation sollte zu gegebener Zeit analysiert, und entsprechende Entscheidungen sollten mit dem Bauherrn abgestimmt werden.

Berücksichtigung von Alternativen

TERMINPLANUNG ALS DOKUMENTATION DES PROZESSES

Neben der Organisation des Bauprozesses hat die Terminplanung auch eine wichtige Funktion im Bereich der Projektdokumentation. Über die Entwicklung der Terminplanung durch den Planungs- und Bauprozess hindurch lassen sich auch rückwirkend Störungen belegen oder widerlegen. Dies ist einerseits wichtig, wenn im Nachhinein strittige Ansprüche (z. B. Schadensersatz) zwischen Bauherr und Bauunternehmen geklärt werden sollen. Andererseits dienen die Terminpläne abgewickelter Projekte als Datengrundlage für zukünftige Terminpläne und bilden so einen wichtigen Wissenszuwachs des planenden Architekten.

Die Hauptaufgabe der Terminplanung ist dabei das Nachhalten von benötigten Ist-Vorgangsdauern gegenüber den vom Terminplaner vorgesehenen Soll-Vorgangsdauern. Des Weiteren sollten Störungen und deren Ursache erfasst werden. Eine Möglichkeit hierfür besteht darin,

Nachhalten von Ist-Terminen und Störungen

dass in den aktuellen Terminplan über handschriftliche Eintragungen die Geschehnisse auf der Baustelle dokumentiert werden. Dieser Papierabzug wird in regelmäßigen Abständen eingelagert und dient als Basis für den aktuellen Plan. Idealerweise trägt der Bauleiter die Termine direkt in einem Terminplanungsprogramm ein und hält die Datei des Terminplans so ständig aktuell. Bei jeder Änderung sollte die vorige Version jedoch mit entsprechenden Datumsangaben archiviert werden.

Schlusswort

Komplexe Bauvorhaben bedingen einen hohen Organisations- und Koordinierungsaufwand. Ohne eine fundierte Terminplanung lassen sich größere Bauprojekte nicht zeiteffizient steuern. Es ist für den koordinierenden Architekten und Bauleiter äußerst wichtig, alle Prozesse in der Planung und auf der Baustelle im Voraus zu planen und Herr der Lage zu bleiben. Wenn nur noch auf Ereignisse reagiert wird, der Prozess aber nicht mehr aktiv zu kontrollieren ist, entstehen durch Selbstorganisation der Beteiligten oftmals Störungen, Abstimmungsschwierigkeiten, gegenseitige Behinderungen und Verzögerungen.

Die Steuerung des Planungs- und Bauprozesses bedeutet jedoch nicht, allen Beteiligten unanfechtbare Vorgaben zu machen, die strikt einzuhalten sind. Vielmehr sollten die Belange aller sachkundig geprüft werden und in den Steuerungsprozess einfließen, um einen für alle Beteiligten gangbaren Weg zu finden.

Ein Terminplan ist nicht nur eine vertraglich vereinbarte Leistung zwischen Bauherrn und Architekten, er sollte auch ein sinnvolles Instrument zur täglichen Steuerung des Planungs- und Bauprozesses sein. Die Erstellung eines realistischen und umsetzbaren Terminplans beinhaltet zwar einigen Aufwand. Über den gesamten Planungs- und Bauprozess betrachtet, lässt sich in der Koordination und der Konfliktlösung jedoch deutlich Aufwand sparen, sodass auch knappe Bauzeiten umsetzbar sind. Je mehr man sich im Vorfeld mit den Abläufen des Bauprozesses auseinandersetzt, desto einfacher gestaltet sich in der Regel die Arbeit der Bauleitung.

Anhang

Informationsbedarf in der Planung

Tab. 3: Typischer Informationsbedarf der Hauptplaner in der Frühphase des Projektes

Von:	An:	Informationsbedarf
Tragwerksplaner	Architekt	– In Frage kommende Tragsysteme und Baustoffe – Bandbreite der Bauteilabmessungen
Haustechniker	Architekt	– Art der für die Nutzung notwendigen Anlagen – Lage der Anschluss- und Verteilerräume – Verlauf der Hauptleitungen, notwendige Führungen der Hauptverteilung – Vorbemessung der Anlagen und Leitungen
Architekt	Tragwerksplaner	– Lageplan, Gebäudeform, Geschosshöhen – Maximale und häufigste Stützweiten – Grobe Baubeschreibung
Architekt	Haustechnik	– Lageplan, Gebäudeform und größe – Nutzung, Verbrauchszahlen (z. B. Anzahl der Mitarbeiter bei Büronutzung) – Anforderungen an die Haustechnik – Grundrissskizzen

Tab. 4: Typischer Informationsbedarf der Hauptplaner in der Entwurfsphase

Von:	An:	Informationsbedarf
Tragwerksplaner	Architekt	– Haupt- und Nebenachsen der tragenden Elemente – Vordimensionierung der Abmessungen
Haustechniker	Architekt	– Vorbemessung der Anlagen und Leitungen – Für die Haustechnik nötige Durchbrüche – Kostenschätzung
Architekt	Tragwerksplaner	– Genehmigungsreife und vermaßte Entwurfspläne in Grundriss und Schnitt
Haustechniker	Tragwerksplaner	– Lage der Hauptleitungen, Lage und Lasten der Anlagen
Architekt	Haustechnik	– Maßgebende Entwurfspläne (Grundriss, Schnitt, Ansicht)
Tragwerksplaner	Haustechnik	– Verlauf der Tragstruktur (Binder, Stützen, tragende Wände) – Durchbruchs- und Schlitzzonen in den tragenden Bauteilen

Tab. 5: Typischer Informationsbedarf der Hauptplaner in der Ausführungsvorbereitung

Von:	An:	Informationsbedarf
Tragwerksplaner	Architekt	– Schalpläne – Bewehrungspläne – Anschlussdetails – Stücklisten
Haustechniker	Architekt	– Elektro-, Lüftungs-, Heizungs-, Sanitärplanung – Schlitz- und Durchbruchspläne für die Leitungen – Ausschreibungsgrundlagen, z. B. Grundleitungen für die Rohbau-Ausschreibung – Schnittstellenübergabe zu anderen Fachplanern
Architekt	Tragwerksplaner	– Aktuelle vermaßte Pläne in Grundriss und Schnitt – Werkpläne, Konstruktionsdetails, Baubeschreibung – Vorgaben aus dem Bauvorbescheid bzw. der Baugenehmigung
Haustechniker	Tragwerksplaner	– Lage der Hauptleitungen, Lage und Lasten der Anlagen – Schlitz- und Durchbruchspläne
Architekt	Haustechnik	– Genehmigte Pläne und eventuelle behördliche Vorgaben – Baubeschreibung – Ausführungspläne
Tragwerksplaner	Haustechnik	– Schalpläne, Stahlbaupläne oder Holzbaupläne – Verlauf der Bewehrung für die Durchbrüche

Aufwandswerte

Tab. 6: Beispielhafte Aufwandswerte zur groben Vorgangsdauerermittlung

Leistung	AW	Einheit
Baustelleneinrichtung		
Kranaufbau	10–50	h/Stück
Bauzaun aus Stahlgitter	0,2–0,4	h/m
Verlegen von Baustellenanschlüssen (Elektro-, Wasserversorgung)	0,2–0,5	h/m
Erdarbeiten		
Aushub Baugrube	0,01–0,05	h/m^3
Aushub Einzelfundamente mit Bagger inkl. Abfuhr	0,05–0,3	h/m^3
Aushub Einzelfundamente von Hand	1,0–2,0	h/m^3

Leistung	AW	Einheit
Betonarbeiten		
Grobschätzung kompletter Rohbau (bei 700–1400 m³ BRI und 3–5 Arbeitskräften)	0,8–1,2	h/m³ BRI
Sauberkeitsschicht, unbewehrt, d=5 cm	0,2	h/m²
Bodenplatte in Ortbeton, bewehrt, d=20 cm	2,0	h/m²
Decke in Ortbeton, bewehrt, d=20 cm	1,6	h/m²
Fertig- und Teilfertigbetondecken	0,4–0,9	h/m²
Komplettgebäude in Fertigteilbauweise	0,3–0,7	h/t
Betonieren Massenbauteile (ohne Schalung und Bewehrung)	0,4–0,5	h/m³
Betonieren Wände (ohne Schalung und Bewehrung)	1,0–1,5	h/m³
Betonieren Stützen (ohne Schalung und Bewehrung)	1,5–2,0	h/m³
Betonieren einer Treppe aus Ortbeton (ohne Schalung und Bewehrung)	3,0	h/Stück
Flächenschalungen	0,6–1,0	h/m²
Einzelschalungen	1,0–2,0	h/m²
Bewehren	12–24	h/t
Abdichtungen aller Art	0,25–0,40	h/m²
Gerüstbau (jeweils Auf- oder Abbau)	0,1–0,3	h/m²
Maurerarbeiten		
tragende Mauerwerkswände	1,2–1,6	h/m³
nichttragende Innenwände	0,8–1,2	h/m³
Zimmerarbeiten		
Sparrendach inkl. Abbinden und Aufstellen (bezogen auf Dachfläche)	0,5–0,7	h/m²
Dachdeckarbeiten		
Flachdach (Kies), inkl. komplettem Warmdachaufbau	0,5–0,7	h/m²
Schrägdach mit verschiedenen Pfannendeckungen	1,0–1,2	h/m²
Metall-Dachdeckung	1,3–1,5	h/m²
Außenwandbekleidungen		
Metallfassadenbekleidung	1,0–1,3	h/m²
Vormauerschalen Ziegel	1,1–1,5	h/m³
Wärmedämmverbundsystem	0,6–0,8	h/m²
Montage von Betonfertigteil-Fassaden	0,5–0,7	h/m²
Außenwandbekleidung mit Naturstein, Schiefer usw.	0,5–0,8	h/m²

Leistung	AW	Einheit
Fensterbau		
Einbau von Einzelfenstern	1,5–2,5	h/Stück
Einbau von Rollladenkästen	0,6–1,5	h/Stück
Dachflächenfenster	2,5–3,5	h/Stück
Fensterbänke innen	0,3–0,5	h/m
Putz		
Außenputz	0,5–0,7	h/m^2
Innenputz maschinell	0,2–0,4	h/m^2
Innenputz von Hand	0,3–0,6	h/m^2
Deckenputz	0,3–0,4	h/m^2
Estrich		
Aufbringen Zement- und Anhydritestrich (ohne Folien, Dämmung usw.)	0,1–0,3	h/m^2
Aufbringen Gussasphaltestrich (ohne Folien, Dämmung usw.)	0,3–0,5	h/m^2
Estrich schwimmend inkl. Unteraufbau	0,6–1,0	h/m^2
Terrazzoestrich, geschliffen	2,0–2,5	h/m^2
Trockenbauarbeiten		
Wandtrockenputz mit Gipskarton	0,2–0,5	h/m^2
Montagewände oder Wandverkleidungen, einlagig, inkl. Unterkonstruktion	0,7–0,8	h/m^2
Verkleidung von Dachschrägen	0,3–0,5	h/m^2
Abgehängte Deckenkonstruktion	0,6–1,1	h/m^2
Gipskartonständerwand, einfach beplankt	0,4–0,8	h/m^2
Gipskartonständerwand, doppelt beplankt	0,6–1,5	h/m^2
Türen		
Einbau Stahlzargen + Türblätter	1,9–2,5	h/Stück
Einbau Holztüren	1,0–1,5	h/Stück
Außentüren	2,5–4,5	h/Stück
Fliesen und Platten, Werkstein		
Bodenfliesen	0,5–1,8	h/m^2
Wandfliesen	1,3–2,5	h/m^2
Natur- und Betonwerksteinplatten	0,8–1,2	h/m
Sockelleisten Fliesen, Naturstein	0,3–0,4	h/m

Leistung	AW	Einheit

Bodenbeläge

Leistung	AW	Einheit
Spachtelung	0,05-0,2	h/m²
PVC und Linoleum, Bahnenware	0,3-0,6	h/m²
Nadelfilz oder Teppich auf Estrich	0,1-0,4	h/m²
Sockelleisten	0,1-0,2	h/m²
Parkettböden inkl. Oberflächenbehandlung	1,2-1,8	h/m²
Parkettboden schleifen, Oberflächenbehandlung	0,2-0,3	h/m²
Bodenbeläge aus Naturstein	0,9-1,2	h/m²
Treppenbeläge	0,5-0,7	h/m²

Maler- und Tapezierarbeiten

Leistung	AW	Einheit
Spachtelarbeiten	0,1-0,2	h/m²
Standardtapeten (Raufaser, Prägetapeten usw.)	0,1-0,4	h/m²
Spezialtapeten (Velour, Textil, Wandbilder usw.)	0,3-0,8	h/m²
Innenwandfarben einfache Anstriche	0,05-0,2	h/m²
Innenwandfarben dreifache Anstriche	0,2-0,5	h/m²
Außenwand Putz Komplettanstrich	0,2-0,8	h/m²
Anstrich Fenster je Anstrichsschicht	0,2-0,6	h/m²
Metallflächen Komplettanstrich (Türen, Blechwände usw.)	0,3-0,6	h/m²
Einzelne Metallelemente Komplettanstrich (Zargen, Abdeckbleche usw.)	0,6-1,0	h/m²
Anstrich Metallgeländer	0,1-0,3	h/m

Elektroarbeiten

Leistung	AW	Einheit
Grobschätzung Komplettinstallation Elektro (bei 700-1400 m³ BRI und 2-3 Arbeitskräften)	0,2-0,4	h/m³ BRI
Montage Kabelpritschen + Elektroleitungen	0,3-0,5	h/m
Montage Leuchten	0,3-0,8	h/Stück
Montage Unterverteilung	0,5-1,0	h/Stück
Feininstallation Schalter, Steckdosen usw.	0,02-0,05	h/Stück

Sanitärarbeiten

Leistung	AW	Einheit
Grobschätzung Komplettinstallation Heizung (bei 700-1400 m³ BRI und 2-3 Arbeitskräften)	0,1-0,3	h/m³ BRI
Grobschätzung Komplettinstallation Gas, Wasser, Abwasser (bei 700-1400 m³ BRI und 2-3 Arbeitskräften)	0,15-0,4	h/m³ BRI
Rohmontage von Rohrleitungstrassen	0,4-0,8	h/m
Regen- und Abwasserrohre	0,10-0,50	h/m
Feininstallation und Montage von Sanitärgegenständen	0,3-1,0	h/Stück

LITERATUR

Bert Bielefeld, Falk Würfele: *Bauen in der EU,* Birkhäuser Verlag, Basel 2005

Udo Blecken, Bert Bielefeld: *Bauen in Deutschland,* Birkhäuser Verlag, Basel 2004

Christoph M. Achammer, Herbert Stöcher: *Bauen in Österreich,* Birkhäuser Verlag, Basel 2005

Bert Bielefeld, Thomas Feuerabend: *Baukosten- und Terminplanung,* Birkhäuser Verlag, Basel 2007

Andreas Campi, Christian von Büren: *Bauen in der Schweiz,* Birkhäuser Verlag, Basel 2005

Bert Bielefeld, Falk Wurfele: *Bauen in der EU,* Birkhäuser Verlag, Basel 2005

Bert Bielefeld, Lars-Philip Rusch: *Bauen in China,* Birkhäuser Verlag, Basel 2006

Wilfried Helbig, Ullrich Bauch: *Baustellenorganisation,* Rudolf-Müller-Verlag, Köln 2004

Werner Langen, Karl-Heinz Schiffers: *Bauplanung und Bauausführung,* Werner Verlag, Düsseldorf 2005

Falk Würfele, Bert Bielefeld, Mike Gralla: *Bauobjektüberwachung,* 3., überarb. und akt. Auflage, Springer Vieweg, Wiesbaden 2016

DER AUTOR

Bert Bielefeld, Prof. Dr.-Ing. Architekt, lehrt an der Universitat Siegen Bauokonomie und Baumanagement und ist geschäftsführender Gesellschafter des Architekturbüros bertbielefeld&partner in Dortmund.

Reihenherausgeber: Bert Bielefeld
Konzeption: Bert Bielefeld, Annette Gref
Lektorat und Projektkoordination: Annette Gref
Layout und Covergestaltung: Andreas Hidber
Satz und Produktion: Amelie Solbrig

Bibliografische Information der Deutschen
Nationalbibliothek
Die Deutsche Nationalbibliothek verzeichnet
diese Publikation in der Deutschen National-
bibliografie; detaillierte bibliografische Daten
sind im Internet über http://dnb.dnb.de
abrufbar.

Dieses Werk ist urheberrechtlich geschützt.
Die dadurch begründeten Rechte, insbesondere
die der Übersetzung, des Nachdrucks, des
Vortrags, der Entnahme von Abbildungen und
Tabellen, der Funksendung, der Mikroverfilmung
oder der Vervielfältigung auf anderen Wegen
und der Speicherung in Datenverarbeitungs-
anlagen, bleiben, auch bei nur auszugsweiser
Verwertung, vorbehalten. Eine Vervielfältigung
dieses Werkes oder von Teilen dieses Werkes
ist auch im Einzelfall nur in den Grenzen der
gesetzlichen Bestimmungen des Urheberrechts-
gesetzes in der jeweils geltenden Fassung zu-
lässig. Sie ist grundsätzlich vergütungspflichtig.
Zuwiderhandlungen unterliegen den Straf-
bestimmungen des Urheberrechts.

Dieses Buch ist auch in englischer Sprache
(ISBN 978-3-7643-8873-7) sowie als E-Book
(ISBN PDF 978-3-0356-1264-6; ISBN EPUB
978-3-0356-1181-6) erschienen.

© 2018 Birkhäuser Verlag GmbH, Basel
Postfach 44, 4009 Basel, Schweiz
Ein Unternehmen der Walter de Gruyter GmbH,
Berlin/Boston

Gedruckt auf säurefreiem Papier, hergestellt
aus chlorfrei gebleichtem Zellstoff. TCF ∞

Printed in Germany

ISBN 978-3-0356-1627-9

9 8 7 6 5 4 3 2 1

www.birkhauser.com